뇌박사 박주홍의 두뇌운동 365

매일매일 두뇌 트레이닝

9세부터 99세까지 뇌를 건강하게 하는
두뇌 개발 프로그램

뇌박사 박주홍의 **두뇌운동 365**

매일매일 두뇌 트레이닝

2020년 9월 18일 초판 1쇄 발행
2024년 9월 5일 초판 7쇄 발행

지은이 박주홍
펴낸이 조시현
기획·진행 북케어(icaros2999@gmail.com)
디자인 정유정
일러스트 김가영, 신경영

펴낸 곳 도서출판 일월일일
출판등록 2013. 3. 25(제2013-000088호)
주소 04007 서울시 마포구 동교로8안길 14, 미도맨션 4동 301호
대표전화 02) 335-5307 **팩스** 02) 3142-2559
전자우편 publish1111@naver.com
인스타 @0101book_

ISBN 979-11-90611-05-3 13690

뇌박사 박주홍의 두뇌운동 365

한의학박사·의학박사·보건학석사 **박주홍** 지음

매일매일 두뇌 트레이닝

일월일일

두뇌연구소에 오신 것을 환영합니다.

뇌 건강은 나이가 들수록 더 중요합니다. 특히 중년 이후 건강하게 생활하면 치매에 걸릴 위험이 크게 줄어든다는 사실이 과학적으로 입증되었습니다. 그런데 요즈음은 청소년이나 젊은 사람도 디지털 기기에 갈수록 더 많이 의존함으로써 기억력과 계산 능력이 퇴화하는 디지털 치매나 잦은 음주로 인한 블랙아웃으로 알코올성 치매를 겪는 경우가 많습니다.

뇌가 건강하려면 감정의 뇌라 할 수 있는 '마음'과 뇌를 지탱해 주는 '몸'이 균형을 이루어야 합니다. 마음이 무너지면 몸이 망가지고, 몸 상태가 좋지 않으면 뇌도 당연히 건강할 수 없습니다.

매일 꾸준히 운동을 하면 근육이 발달하는 것처럼 뇌도 날마다 즐겁고 재미있게 자극해 주면 건강하게 단련됩니다. 그래서 두뇌를 단련하여 불안과 우울감을 해소하고 스트레스까지 한방에 날려버릴 수 있도록 다양한 프로그램을 제공하려고 합니다.

스도쿠, 미로 찾기, 숨은 그림 찾기, 낱말 퀴즈와 같이 한 가지 주제로만 구성하면 뇌가 단련되기도 전에 지루해져 책을 끝까지 활용하지 못하고 중도에 포기하는 경우가 있습니다. 이런 단점을 보완하고자 ≪뇌박사 박주홍의 두뇌운동 365≫ 시리즈에서는 미로 찾기, 틀린 그림 찾기 등과 같은 문제들뿐만 아니라 글자, 모양, 숫자, 그림을 다양하게 활용한 프로그램은 물론 일상에서 만나는 생활형 문제까지 모두 재구성해서 담았습니다.

특히 이 책 〈그림그림 대작전〉에서는 관심 있는 개체를 바라보는 행위를 하는 전두엽의 기능 활성화, 공간 기억의 저장과 방향을 알 수 있게 하는 두정엽의 기능 활성화, 소리와 이미지를 이해하고 통합하는 측두엽의 기능 활성화에 초점을 맞추었습니다.

매일 다른 문제를 풀면서 색다른 즐거움으로 사고력과 창의력을 길러 보세요. 뇌가 골고루 활성화되어 집중력이 향상되고 정서가 안정됩니다. 이런 과정을 통해 우리의 생각, 판단, 운동, 감각 등을 담당하는 뇌가 더욱 건강해져 활발하게 움직입니다.

요즘 나이와 상관없이 '왜 이렇게 깜빡깜빡하지, 혹시 나도 치매인가?'라는 의심을 해 본 분들이 많을 것입니다.

'IT 건망증'으로도 불리는 디지털 치매(digital dementia)는 스마트폰이나 컴퓨터 같은 디지털 기기에 의존한 나머지 자신도 모르는 사이에 집중력과 학습 능력이 떨어지고 계산 능력과 기억력이 감퇴하는 현상을 말합니다. 디지털 치매가 생활에 심각한 위협이 될 만큼 위험도가 높지는 않지만, 스트레스를 유발하며 공황장애나 정서장애와 같은 뇌 질환으로 이어질 수 있습니다. 이때 계산, 암기 문제를 풀거나 퍼즐을 활용하면 디지털 치매의 예방과 완화에 적잖은 도움이 됩니다.

소중한 뇌를 잘 돌보고 지키려면 뇌세포들의 연결성을 강화해 주어야 합니다. 이 책에 있는 퀴즈 프로그램을 활용하여 매일 꾸준히 하다 보면 세포들의 연결성이 좋아집니다.

부디 뇌가 노화하지 않고 건강하게 유지될 수 있도록 하루 30분 즐거운 뇌 운동으로 100세까지 활력 넘치는 인생을 유지하시기 바랍니다.

건강하게 사는 행복한 세상을 바라며
한의학박사·의학박사·보건학석사 **박주홍**

목차

뇌의 구조와 역할을 알아봅시다!

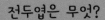

전두엽은 무엇?

머리 앞부분 즉, 이마 부위를 중심으로 한
대뇌의 껍질 부분을 말합니다.
주로 어떤 일을 계획하고, 적절하게 실행하고,
또 너무 지나치지 않도록 제어하는 일을 합니다.
의욕, 동기, 방법, 판단력, 융통성,
자제력 등을 실행하는 부분입니다.

측두엽은 무엇?

우리가 보통 '관자놀이'라고 부르는 부위입니다.
뇌의 양 측면 피질을 말하는데,
이 부분은 치매의 이해에 중요한 곳입니다.
기억력이 떨어지고 언어 표현과 이해 능력이
떨어져 가는 원인을 제공하는 곳이기 때문입니다.
측두엽 부위의 신경세포가 죽어서 없어지는 것 때문에
알츠하이머병의 증상이 생겨납니다.
기억력, 학습 능력, 언어 능력 등을 담당합니다.

두정엽은 무엇?

머리(頭)의 정수리(頂) 부분이라는 뜻을
가지고 있습니다.
공간을 파악하는 능력을 갖추고 있습니다.
낯선 장소에서의 방향을 파악하거나,
아날로그 시계의 바늘 위치로
몇 시 몇 분인지를 바로 파악할 수 있는 것은
두정엽이 작용하기 때문입니다.

후두엽은 무엇?

뒤통수 부분에 해당하는 피질 부위를 말합니다.
주로 시각적인 내용을 파악합니다.
사물을 보고 주변의 물건들을 파악하는 것은
이곳의 기능이 온전하므로
가능한 것입니다.

변연계와 해마는 무엇?

둘레, 또는 가장자리를 의미하는 변연계(limbic system)는
대뇌피질과 시상하부 사이에 있습니다.
주로 후각, 감정, 행동, 욕망 등의 조절에 관여하고 있습니다.
변연계의 한 가운데를 차지하고 있는 해마는 특히 장기기억,
공간개념, 감정적인 행동을 조절하는 곳으로 알려져 있습니다.
안타깝게도 해마는 알츠하이머병에 의해 점진적으로
위축이 진행되는 것으로 알려져 있습니다.

뇌를 골고루 사용합시다!

뇌는 우리의 생각, 판단, 운동, 감각 등을 담당하는 매우 중요한 기관입니다. 보통 성인의 뇌 무게는 약 1,400~1,600g 정도입니다. 약 1,000억 개 정도의 신경세포가 밀집된 신경 덩어리로, 일반적으로 전체 몸무게의 약 2% 정도에 불과하지만, 우리 몸 전체 에너지의 20%에 가까운 양을 사용하는 기관입니다.

뇌는 신경세포와 신경교세포(glial cell)라고 하는 두 종류의 세포들이 모여 있는 덩어리입니다. 이 중에서 신경세포가 주로 신체활동과 정신활동을 담당합니다. 신경세포의 몸체는 주로 뇌의 겉껍질 부분에 모여 있어서 이 부분을 피질(cortex) 혹은 회백질(gray matter)이라고 부릅니다. 반면 신경세포의 몸체에서 뻗어 나온 가지들은 신경섬유 다발을 이루고 있는데, 색깔이 희고 윤기를 띠고 있어서 백질(white matter)이라고 합니다.

뇌 건강을 지키기 위해서는 앞쪽(전두엽), 위쪽(두정엽), 측면(측두엽), 뒤쪽(후두엽)을 골고루 사용하는 것이 좋습니다. 팔만 튼튼하다고 해서 온몸이 건강하다고 할 수 없듯이 뇌도 마찬가지로 어느 한 부분만 사용해서는 건강을 유지할 수 없습니다.

위치별로 뇌가 하는 일이 다르므로 쓰는 부분만 쓰고 쓰지 않는 부분은 계속해서 사용하지 않는다면 반드시 문제가 생깁니다. 그러므로 적극적으로 골고루 써야 합니다. 또 좌뇌와 우뇌를 의식하면서 양쪽 모두 균형 있게 사용하는 노력이 필요합니다.

좌뇌	우뇌
신체의 오른쪽을 조절한다. 분석적, 논리적, 이성적, 객관적, 계획적, 청각적 기억, 시간 개념, 안전, 추론, 수리, 과학 쪽을 담당!	신체의 왼쪽을 조절한다. 통합적, 창의적, 감성적, 주관적, 즉흥적, 시각적 기억, 공간 개념, 모험, 직관, 예술 쪽을 담당!

오른손잡이인 사람들은 좌뇌 성향이 강하므로 우뇌를 활용하는 일을 틈틈이
할 필요가 있습니다. 마찬가지로 왼손잡이는 좌뇌를 활용해야 합니다. 운동이
나 새로운 일에 대한 도전 등 뇌에 유익한 활동을 하면 누구나 효율적인 뇌를
가질 수 있다고 합니다.

대뇌피질은 컴퓨터의 하드디스크 본체와 같은 기억의 저장장치입니다. 손, 발
그리고 입과 혀, 눈의 자극이 그대로 뇌로 전달됩니다.

따라서 적절한 자극을 꾸준히 주어야 합니다. 이렇게 함으로써 대뇌피질의 두
께가 얇아지지 않고 기억력이 유지되며 치매 예방도 가능해집니다.

지금이라도 부지런히 뇌를 전후좌우로 골고루 사용하는 습관을 들인다면 건강
한 삶을 유지할 수 있으며, 자연히 치매도 저절로 멀어질 것입니다.

열심히 걷고, 열심히 보고, 열심히 생각하고, 열심히 노력해서 우리 모두 100세
까지 건강하고 행복하게 삽시다!

숨 쉬는 건강한 뇌를 만드는
3·3·3 통합 치료 프로그램을 소개합니다.

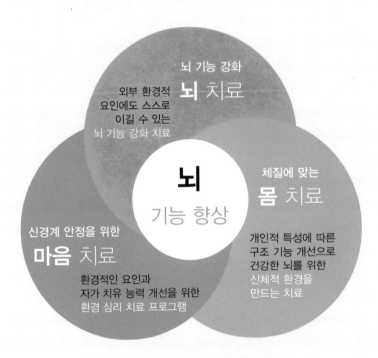

3·3·3 통합 치료 프로그램 목표

뇌, 마음, 몸!

이 세 가지는 동시적 치료가 이루어져야 악순환의 고리를 끊을 수 있습니다.
육체와 정신을 서로 분리해서 생각할 수 없듯이, 뇌와 마음과 육체는 서로 분리될 수 없습니다. 환경적인 요소로 몸의 균형이 무너지고, 다시 이 불균형은 뇌 기능에 영향을 주는 악순환이 반복됩니다. 따라서 인지 능력을 개선하기 위해서는 이런 반복적인 사슬을 끊고 뇌와 마음 그리고 몸의 동시적 치료가 이루어져야 합니다.

"동시적 통합 치료가 필요한 이유"

건강한 뇌를 이루기 위해서는 신체적인 뇌 기능 문제뿐만 아니라,
정신적인 뇌와 몸의 균형까지 바라보아야 완전한 뇌 건강을 이룰 수 있습니다.

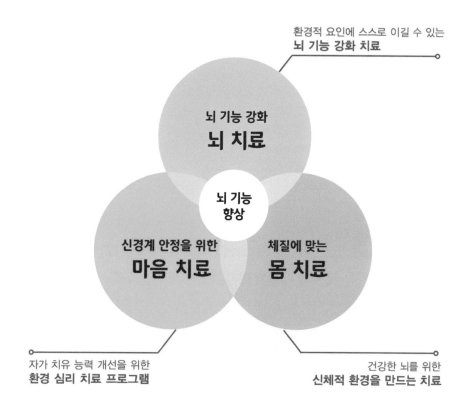

뇌, 마음, 몸의 악순환 고리를 끊는 치료

신체적인 뇌 기능의 문제가 정신적인 뇌 기능(마음)에 문제를 일으키고, 다시 몸의 균형을 해치는 등의 서로 물고 있는 악순환의 연결 고리를 끊기 위한 동시적 통합 치료가 반드시 필요합니다.

동시적 통합 치료를 위한 3 · 3 · 3 통합 치료 프로그램

동시적 통합 치료는 뇌, 마음, 몸의 3가지를 동시에 치료하는 것을 기본으로 하고 있습니다. 이는 인지 개선을 위한 3가지 요소(뇌에는 휴식을 주고, 지친 마음은 풀어 주며, 몸에 힘을 보충)의 3단계에 걸친 치료 프로그램을 의미합니다. 의학적인 치료와 더불어 이상적인 건강한 뇌를 만들기 위해 하버드 명상 치료 및 개인의 식생활, 습관, 운동법 관리 등 자가 치유 능력 향상까지 고려한 꼼꼼한 치료를 시행합니다.

단계별 목표와 변화

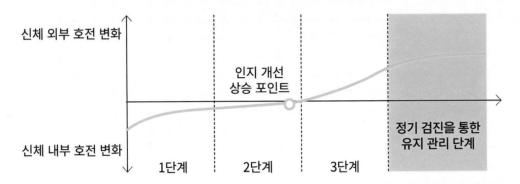

[단계별 목표와 인지 개선의 변화 그래프]

균형

1단계 : 체질 개선 – 뇌 건강을 위한 신체 환경을 만들어 주는 단계
치매가 발병하는 신체적인 원인과 잘못된 생활 습관을 찾고, 그 원인을 개선하는 단계입니다. 흐트러진 몸의 균형을 잡아 주어 건강한 뇌를 위한 신체 환경을 만들어 줍니다.

풀음

2단계 : 전신 해독 – 몸의 균형과 신경계 기능이 돌아오는 단계
몸의 기운 순환을 통해 몸 속 노폐물과 독소 등을 배출하는 단계로, 몸의 균형과 신경계의 기능이 점차 돌아오면서 면역력도 향상이 되는 터닝 포인트입니다.

보충

3단계 : 면역 증강 – 정신 면역력 강화 및 유지 발전
신체 면역력과 정신 면역력이 강화되어 외부 환경에 의한 스트레스 등을 스스로 이겨낼 수 있는 힘을 가지게 되는 단계입니다. 원기 보충과 지속적인 균형 치료로 건강한 뇌를 유지할 수 있도록 강한 신체 환경을 만듭니다.

3가지 통합 치료, 3단계에 걸친 인지 개선 치료를 통해 뇌와 몸과 마음이 모두 건강해집니다.

미로 찾기

여긴 어딜까요? 미로를 눈앞에 두고 있네요.
복잡한 길을 잘 선택해서 무사히 도착지까지 가 보도록 해요.
길을 잃어버렸나요? 걱정하지 마세요. 다시 천천히 도전해 보세요.
그럼 출발!

점선 잇기

귀여운 돼지 그림이 있네요. 그런데 아직 완성된 것이 아닌가 봅니다. 여러분이 점을 따라 선을 그어서 그림을 완성해 보세요.
숫자 순서대로 차례차례 점을 연결해 보면 여러분이 예상한 그림이 만들어질 것입니다.

같은 것 찾기 - 글자

주어진 예와 같은 글자를 아래의 네모 칸에서 찾아보세요.
예와 같은 글자는 몇 개가 숨어 있나요? 어디에 숨어 있나요?
비슷비슷한 것이 많으니 주의해서 찾아보도록 합시다.

예: **꿈, 귤, 콩**   정답   ,   ,   개

꿈	귤	꿀	귤	꾼	꽁	꼼
궂	콩	꽁	콩	곰	꽁	꿈
꾼	꽁	꼼	꿈	곰	콩	궂
곰	콩	꾼	꾼	콩	꾼	꼼
꿀	궂	꿈	꿀	귤	꼼	곰
꼼	콩	귤	꿀	콩	꽁	꿈
꿈	꿈	곰	궂	꾼	꿀	콩

틀린 그림 찾기

틀린 그림 찾기는 누구나가 한 번 이상은 꼭 해 본 게임일 겁니다. 비슷한 그림이 위아래로 놓여 있습니다. 비교해 보면서 하나씩 틀린 그림을 찾아보세요. 하나씩 찾을 때마다 알 수 없는 기쁨이 밀려올 겁니다. 틀린 곳은 모두 5곳입니다.

같은 것 찾기

월   일
주의 집중
시각적 내용 파악

주어진 예와 같은 숫자와 글자를 아래의 네모 칸에서 찾아보세요.
예와 같은 숫자와 글자는 각각 몇 개가 숨어 있나요? 어디에 숨어 있나요? 비슷비슷한 것이 많으니 주의해서 찾아보도록 합시다.

예: **3, 6, B**   정답   ,   ,   개

8	3	6	B	9	9	8
Ɛ	B	Ɛ	3	3	B	Ɛ
3	6	8	6	Ɛ	8	6
B	9	6	Ɛ	3	9	Ɛ
6	8	Ɛ	B	B	8	6
Ɛ	3	6	Ɛ	8	Ɛ	6
6	Ɛ	9	B	9	B	3

같은 것 찾기 – 알파벳

주어진 예와 같은 알파벳이나 글자 모양을 아래의 네모 칸에서 찾아보세요. 예와 같은 알파벳과 글자는 각각 몇 개가 숨어 있나요? 어디에 숨어 있나요? 비슷비슷한 것이 많으니 주의해서 찾아보도록 합시다.

예: ᄂ, Ԓ, ŋ   정답   , ,   개

Ԓ	Ԓ	ħ	Ԓ	h	z	Ԓ
h	Z	h	ŋ	ħ	h	h
Ԓ	ħ	ŋ	Ԓ	ŋ	ŋ	ħ
z	ŋ	z	h	ħ	z	ŋ
ŋ	Ԓ	Ԓ	ħ	Ԓ	ħ	ŋ
h	ħ	Z	h	ħ	Ԓ	h
ħ	ŋ	h	Ԓ	ŋ	ħ	Z

같은 것 찾기

주어진 예와 같은 글자를 아래의 네모 칸에서 찾아보세요.
예와 같은 글자가 몇 개가 숨어 있나요? 색깔이 다른 것도 포함입니다. 어디에 숨어 있나요? 비슷비슷한 것이 많으니 주의해서 찾아보도록 합시다.

예: **말**

정답   개

멈	멀	먼	말	뮴	말	먼
일	갋	알	말	멈	멀	알
알	맘	알	멈	묜	알	앙
멈	말	뮤	말	갈	뮵	알
멀	룚	알	맘	멈	말	알
먼	멈	말	갈	뚀	먼	알
멀	말	알	말	롦	멀	뚜

틀린 그림 찾기

틀린 그림 찾기는 누구나가 한 번 이상은 꼭 해 본 게임일 겁니다. 비슷한 그림이 위아래로 놓여 있습니다. 비교해 보면서 하나씩 틀린 그림을 찾아보세요. 하나씩 찾을 때마다 알 수 없는 기쁨이 밀려올 겁니다. 틀린 곳은 모두 5곳입니다.

내 이름을 불러줘!

왼쪽부터 순서대로 그려져 있는 동물의 이름을 가능한 한 빨리 대답해
봅시다. 주의할 점은 만약에 동물 그림이 거꾸로 되어 있다면 이름도
거꾸로 읽어야 한다는 것입니다.

예

호랑이   이숭원   토끼   지아강   돼지

제 3 일 문제 2

뒤집힌 그림

월   일

유추
상상

만약에 예와 같이 나열된 카드가 있다고 할 때, 이것을 함께 뒤집으면 어떤 그림이 나타날까요? 함께 뒤집는다는 것은 카드 3장을 한꺼번에 잡고 뒤집는다는 의미입니다. 앞뒤가 바뀌는 그림은 물론, 함께 있는 카드의 겹쳐지는 순서와 위치도 잘 파악해 보세요.

예

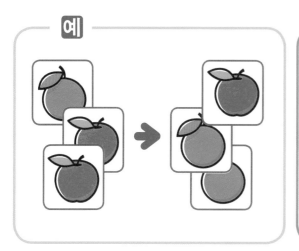

문제

앞

뒤

❶

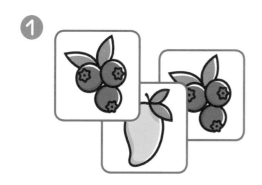

❷

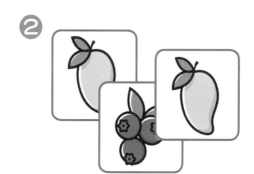

❸

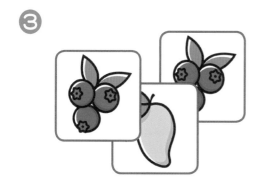

❹

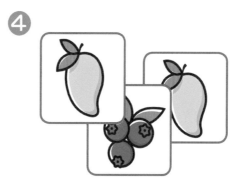

같은 것 찾기 - 모양

월 일
주의 집중
시각적 내용 파악

주어진 예와 같은 모양을 아래의 네모 칸에서 찾아보세요.
예와 같은 모양은 몇 개가 숨어 있나요? 어디에 숨어 있나요?
비슷비슷한 것이 많으니 주의해서 찾아보도록 합시다.

예: 정답 개

26

틀린 그림 찾기

틀린 그림 찾기는 누구나가 한 번 이상은 꼭 해 본 게임일 겁니다. 비슷한 그림이 위아래로 놓여 있습니다. 비교해 보면서 하나씩 틀린 그림을 찾아보세요. 하나씩 찾을 때마다 알 수 없는 기쁨이 밀려올 겁니다. 틀린 곳은 모두 5곳입니다.

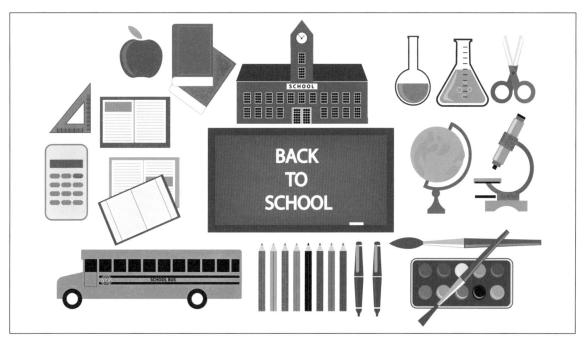

날씨 예보해 보기

일기도는 날씨 상태를 숫자와 기호를 사용하여 나타낸 것입니다.
아래 그림은 놀이 식으로 바꾼 날씨 예보입니다.
자신이 일기 예보관이 되었다고 생각하고 날씨 예보를 해 봅시다.

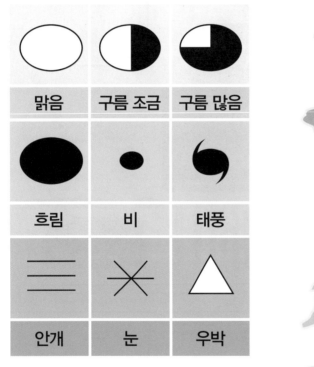

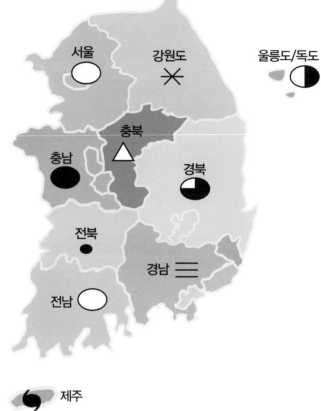

오늘의 날씨를 말씀드리겠습니다. 오늘 날씨는 ~

주사위 뒷면 계산하기

주사위의 앞면과 뒷면의 합은 항상 7이 된다는 것을 알고 계시나요? 예를 들어 앞면의 주사위 눈금이 4라면, 보이지 않는 뒷면은 3이라는 뜻입니다. 주사위 뒷면의 눈금이 무엇인지 생각해서 계산해 봅시다.

문제　⚃⚁ ＋ ⚀⚃ ＝ ?

풀이　⚂⚄ ＋ ⚅⚀ ＝ 97

1.　⚀⚃ ＋ ⚃⚀ ＝

2.　⚁⚅ － ⚄⚂ ＝

3.　⚅⚀ ＋ ⚄⚄ ＝

4.　⚀⚁ － ⚂⚅ ＝

5.　⚃⚂ ＋ ⚁⚅ ＝

6.　⚂⚄ － ⚄⚀ ＝

7.　⚅⚁ ＋ ⚄⚁ ＝

29

같은 카드 찾기

주어진 예와 같은 모양을 가진 카드를 아래에서 찾아보세요.
어느 것이 진짜 똑같은 카드인가요? 비슷한 것이 많으니 주의해서 찾
아보도록 합시다. 예 1)과 똑같은 카드는 1~6번 중 어느 것일까요?
또 예 2)와 똑같은 카드는 1~6번 중 어느 것일까요?

예1  **예2**

①  **②**  **③**

④  **⑤**  **⑥**

틀린 그림 찾기

틀린 그림 찾기는 누구나가 한 번 이상은 꼭 해 본 게임일 겁니다. 비슷한 그림이 위아래로 놓여 있습니다. 비교해 보면서 하나씩 틀린 그림을 찾아보세요. 하나씩 찾을 때마다 알 수 없는 기쁨이 밀려올 겁니다. 틀린 곳은 모두 5곳입니다.

주판 계산하기

월 일
계

주판의 숫자를 읽을 줄 아시나요?
아래 예를 참고하여 주판의 숫자가 얼마인지 알아보거나 숫자를 직접
그려 넣거나 계산해 보세요. 희미한 주판알을 칠해 보세요.

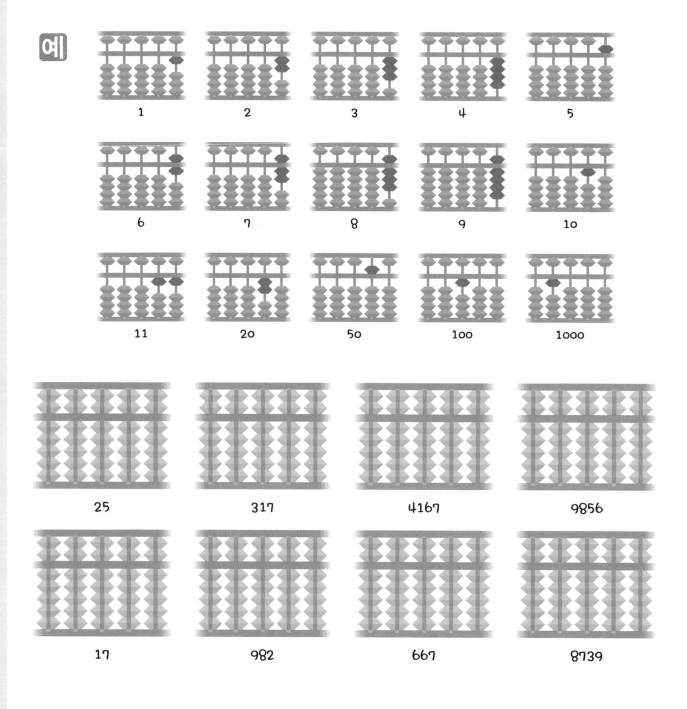

예

1
2
3
4
5

6
7
8
9
10

11
20
50
100
1000

25
317
4167
9856

17
982
667
8739

무슨 이야기를 하는 걸까요?

사람들은 동물이나 식물, 즉 새나 고양이, 강아지는 물론 장미와 해바라기의 말을 알아들을 수는 없습니다. 하지만 때때로 그들의 모습을 지켜보면 무슨 말을 하는 것처럼 느껴질 때가 있습니다. 그렇다면 고양이와 개는 무슨 이야기를 하고 있을까요? 한번 생각해서 써 보세요.

다른 것을 찾아보세요

똑같은 그림이라고요? 맞습니다. 딱 하나만 빼고요.
이렇게 많은 그림 중에서 단 하나의 다른 그림을 찾아보세요.
다른 모양을 하고 있는 양을 찾아보세요.

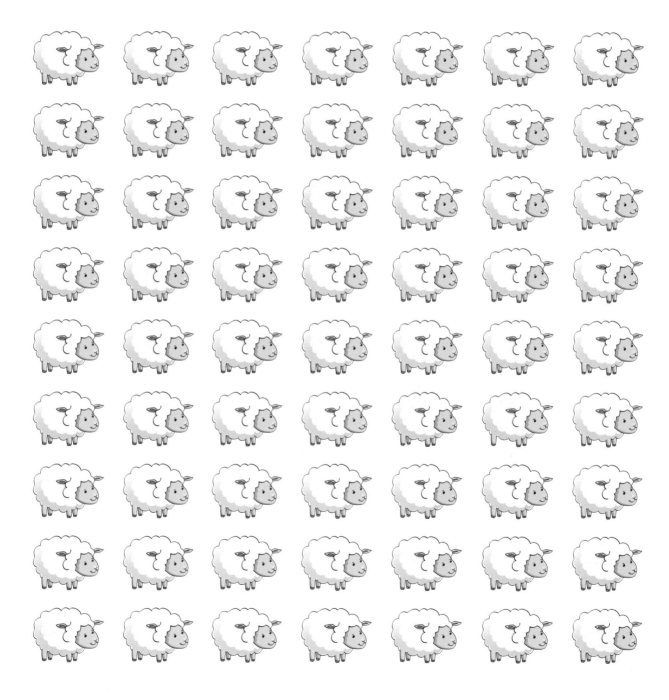

틀린 그림 찾기

틀린 그림 찾기는 누구나가 한 번 이상은 꼭 해 본 게임일 겁니다. 비슷한 그림이 위아래로 놓여 있습니다. 비교해 보면서 하나씩 틀린 그림을 찾아보세요. 하나씩 찾을 때마다 알 수 없는 기쁨이 밀려올 겁니다. 틀린 곳은 모두 5곳입니다.

따라 읽기·따라 쓰기

시각·청각·후각·촉각·미각의 오감을 자극하는 글을 만날 것입니다. 따라 읽고 쓰다 보면 그 글이 오감을 통해 온몸으로 스며드는 기분을 느낄 거예요. 그러면 자연히 마음이 편안해질 겁니다. 어디 그뿐인가요. 뇌에 좋은 영향을 미쳐 상상력도 풍부해질 거예요.

행복은 청렴하고 검소한 데서 생기고,
칭찬은 겸손하고 사양하는 데서 생기며,
근심은 욕심이 많은 데서 생기고,
재앙은 탐욕이 많은 데서 생기며,
과실은 경솔하고 교만한 데서 생기고,
죄악은 어질지 못한 데서 생긴다.
눈을 경계하여 남의 그릇된 것을 보지 말고,
입을 조심하여 남의 결점을 말하지 말고,
마음을 경계하여 스스로 탐내고 성내지 말며,
몸을 조심하여 나쁜 벗을 따르지 말라,
이롭지 않은 말은 함부로 하지 말고,
나와 관계없는 일은 함부로 하지 말라,
일이 순리대로 찾아오면 물리치지 말고,
일이 이미 지나갔거든 생각하지 말라.

따라 읽기·따라 쓰기

월   일
안정감
몰입감/집중

시각·청각·후각·촉각·미각의 오감을 자극하는 글을 만날 것입니다. 따라 읽고 쓰다 보면 그 글이 오감을 통해 온몸으로 스며드는 기분을 느낄 거예요. 그러면 자연히 마음이 편안해질 겁니다. 어디 그뿐인가요. 뇌에 좋은 영향을 미쳐 상상력도 풍부해질 거예요.

당신의 믿음은 곧 당신의 생각이 된다.
당신의 생각은 곧 당신의 말이 된다.
당신의 말은 곧 당신의 행동이 된다.
당신의 행동은 곧 당신의 습관이 된다.
당신의 습관은 곧 당신의 가치가 된다.
당신의 가치는 곧 당신의 운명이 된다.

당신의 운명이 될 수 있는 당신의 가치.
당신의 가치가 될 수 있는 당신의 습관.
당신의 습관이 될 수 있는 당신의 행동.
당신의 행동이 될 수 있는 당신의 말.
당신의 말이 될 수 있는 당신의 생각.
당신의 생각이 될 수 있는 당신의 믿음.
그 마음의 출발을 소중히 여겨라.

양손 운동 차차차!

신체로 전달되는 정보는 서로 교차하여서 오른쪽과 왼쪽 뇌로 전달됩니다. 따라서 양손을 모두 사용하면 뇌를 균형적으로 발달시킬 수 있습니다. 손가락 모양의 아이콘을 따라서 양손으로 동시에 화살표를 따라가 봅시다. 책에서 따라가는 것이 불편하면 바닥에 책과 같은 선이 있다고 생각하면서 해 봅시다.

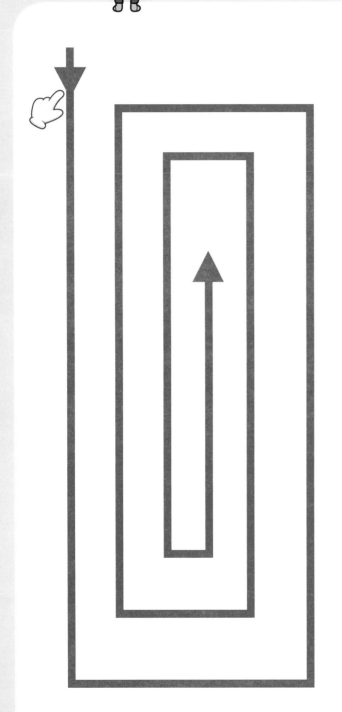
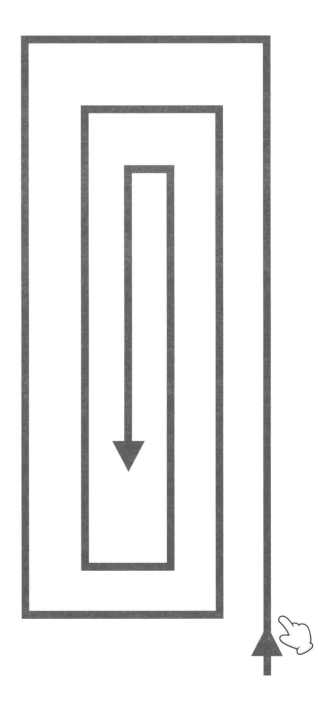

양손 운동 차차차!

글씨를 반대편 손으로 써 보거나, 칫솔질 정도는 왼손으로도 할 수 있습니다. 양쪽의 뇌를 모두 쓰는 것은 뇌의 건강을 위해서 아주 중요한 행동입니다. 손가락 모양의 아이콘을 따라서 양손으로 동시에 화살표를 따라가 봅시다. 책에서 따라가는 것이 불편하면 바닥에 책과 같은 선이 있다고 생각하면서 해 봅시다.

벌집을 눌러 보세요

꿀벌들이 벌집으로 꿀과 꽃가루를 가져와 저축합니다.
아! 그런데 자세히 보니 꿀벌들이 가져오는 꿀이나 꽃가루마다 해당하
는 알파벳이나 숫자가 있네요.

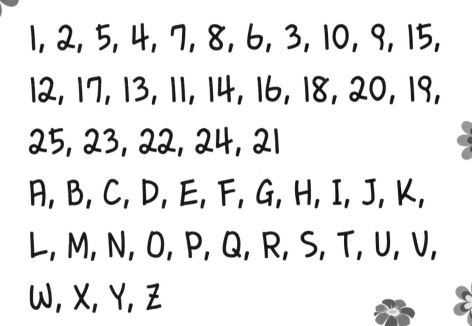

1, 2, 5, 4, 7, 8, 6, 3, 10, 9, 15,
12, 17, 13, 11, 14, 16, 18, 20, 19,
25, 23, 22, 24, 21
A, B, C, D, E, F, G, H, I, J, K,
L, M, N, O, P, Q, R, S, T, U, V,
W, X, Y, Z

얼마나 빨리 벌집에 맞는 알파벳이나 숫자를 찾아서 꿀과 꽃가루를 담을 수 있을까요? 왼쪽의 알파벳이나 숫자를 보면서 순서에 따라 오른쪽 벌집에서 같은 알파벳이나 숫자를 눌러 보세요.

모두 얼마일까요?

우리는 일상생활에서 다양한 종류의 지폐와 동전을 사용하고 있습니다. 이런 화폐는 앞면과 뒷면이 있습니다. 자! 그럼 오늘은 장난감 화폐를 이용해서 은행놀이를 해 봅시다. 지금 바닥에 펼쳐진 지폐와 동전을 모두 합한 금액은 얼마인지 계산해 보세요.

원
_____

색깔과 글자의 일치

빨강, 노랑, 주황, 파랑, 보라, 초록, 검정까지. 갖가지 색들을 가진 글자들이 있습니다. 이 가운데 색의 이름과 실제 인쇄된 색깔이 일치하는 것만을 찾아서 동그라미를 쳐 보세요.

빨강	노랑	파랑	주황	초록	보라	검정	빨강
노랑	주황	파랑	노랑	빨강	파랑	초록	주황
보라	빨강		파랑	초록	주황	노랑	초록
	초록	검정	빨강	보라	빨강	노랑	파랑
빨강	노랑	주황	초록	파랑	노랑	초록	빨강
노랑	파랑	초록		파랑	보라	빨강	초록
검정	보라	빨강	검정	주황	노랑	파랑	파랑
초록	파랑	보라	보라	검정	주황	노랑	보라

숫자 피라미드

숫자들이 피라미드처럼 쌓여 있습니다.
아래에 있는 왼쪽과 오른쪽 두 개의 블록 숫자의 합이 바로 위에 있는
블록의 큰 숫자가 됩니다. 아! 그런데 군데군데 블록의 숫자들이 지워
져 있군요. 지워진 숫자는 무엇인지 알아맞혀 보세요.

틀린 그림 찾기

틀린 그림 찾기는 누구나가 한 번 이상은 꼭 해 본 게임일 겁니다. 비슷한 그림이 위아래로 놓여 있습니다. 비교해 보면서 하나씩 틀린 그림을 찾아보세요. 하나씩 찾을 때마다 알 수 없는 기쁨이 밀려올 겁니다. 틀린 곳은 모두 5곳입니다.

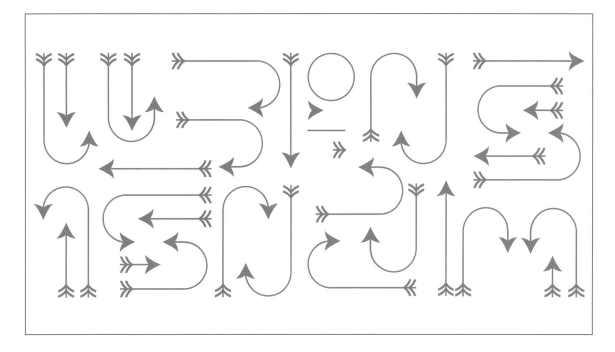

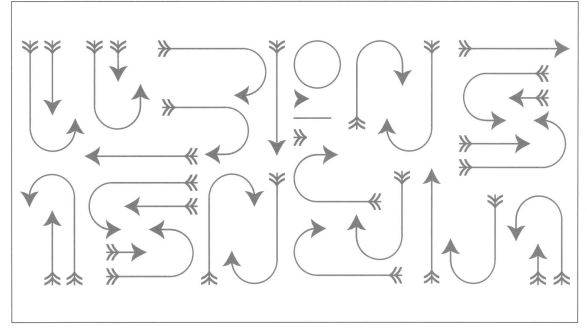

단어 찾기 대작전

주어진 질문에 해당하는 글자를 아래 네모 칸에서 찾아보세요. 정답에 해당하는 단어가 몇 개나 숨어 있나요? 두 글자 이상의 단어만 해당됩니다. 주의할 점은 가로,세로, 대각선으로 이어진 것만 단어가 된다는 점입니다.

동물이라고 생각되는 단어를 모두 찾아보세요.

사	코	두	지	기	하	여
린	자	기	염	돼	우	리
캥	끼	하	루	소	코	늑
하	거	기	린	강	끼	자
마	이	루	아	호	리	더
루	돼	지	두	람	송	다
하	지	여	하	두	더	지

암호 풀기 대작전

아래의 암호표에서 글자에 해당하는 부호를 보고 그 밑의 부호들은 과연 어떤 말인지 써 보세요.

암호표

ㄱ	ㄴ	ㄷ	ㄹ	ㅁ	ㅂ	ㅅ	ㅇ	ㅈ	ㅊ	ㅋ	ㅌ	ㅍ	ㅎ
☆	#	$	%	&	¤	§	+	?	@	₩	¿	※	⁑

ㅏ	ㅑ	ㅓ	ㅕ	ㅗ	ㅛ	ㅜ	ㅠ	ㅡ	ㅣ
◐	★	◆	☎	✳	❖	♡	♪	♠	◎

⁑◐◎+¤✳☆⁑◐#⁑◐%♡$✳◎§◆◎+❖

#♠%☆◆#☆◐+⁑◐§◆◎+❖

백년식당

당신은 맛있는 음식을 손님에게 내놓는 것으로 유명한 〈백년식당〉의 요리사입니다. 아주 오랫동안 사랑받아 왔다고 해서 그런 이름을 가졌습니다. 오늘 여러분이 만들어서 손님의 입을 사로잡은 음식의 총 매출은 얼마인가요?

얼마를 받아야 하나요?

 Hamburger   X 8개 =

 hot dog   X 10개 =

 Sandwich   X 7개 =

_____

원

메뉴

Sandwich   4,500원

Hamburger   5,500원

hot dog   3,500원

Pizza   4,000원

48

틀린 그림 찾기

틀린 그림 찾기는 누구나가 한 번 이상은 꼭 해 본 게임일 겁니다. 비슷한 그림이 위아래로 놓여 있습니다. 비교해 보면서 하나씩 틀린 그림을 찾아보세요. 하나씩 찾을 때마다 알 수 없는 기쁨이 밀려올 겁니다. 틀린 곳은 모두 5곳입니다.

너랑나랑 짝 맞추기

월 일
분류
위치와 모양 파악

짚신도 짝이 있다는 말이 있습니다.
아래 그림에서도 같은 그림끼리 묶으면 한 쌍이 됩니다. 그런데 이를
어째! 한 쌍이 되지 못하는 그림이 2개 있네요. 어떤 그림이 짝을 찾
지 못하고 혼자인지 동그라미로 표시해 봅시다.

땅따먹기

아래는 작물을 심은 밭을 색깔별로 구별해 본 것입니다. 빨간색은 고추밭, 초록색은 시금치밭일까요? 그럼 가장 넓은 면적을 가진 밭은 어떤 색깔의 밭일까요? 넓은 밭부터 차례대로 손가락으로 짚어 봅시다.

다른 그림 찾기

다 똑같은 그림 아닌가요? 정말 그렇게 생각하세요?
자세히 보면 딱 하나만 다른 모양 혹은 색깔을 가지고 있습니다.
빨리 찾으려다 보면 더 헷갈립니다. 천천히 잘 들여다보세요.

제 3일
문제
4

틀린 그림 찾기

월 일
집중력/비교
변화 파악

틀린 그림 찾기는 누구나가 한 번 이상은 꼭 해 본 게임일 겁니다. 비슷한 그림이 위아래로 놓여 있습니다. 비교해 보면서 하나씩 틀린 그림을 찾아보세요. 하나씩 찾을 때마다 알 수 없는 기쁨이 밀려올 겁니다. 틀린 곳은 모두 5곳입니다.

시간 문제 맞추기

우리가 사회 생활을 하면서 약속을 지키는 것은 매우 중요합니다. 그리고 약속 시각에 늦지 않기 위해서는 시간을 잘 지켜야 합니다. 아래 주어진 문제에서는 시간이 얼마나, 또 어떻게 사용되고 있는지 알아봅시다.

민주네 식구들이 집에 돌아온 시간을 나타낸 시계입니다.
가장 일찍 돌아온 사람과 가장 늦게 돌아온 사람의 시간 차이는 얼마나 되나요?
식구 중에서 세 번째로 돌아온 사람이 밤 12시에 잠자리에 들었다면 돌아온 시간으로부터 몇 시간 뒤에 잠이 든 것인가요?

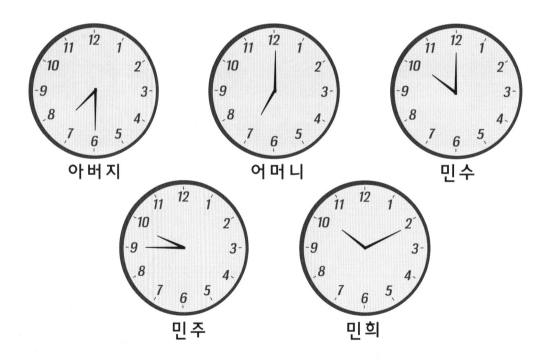

아버지　　　　어머니　　　　민수

민주　　　　민희

누구의 지문일까요?

강도 사건이 일어난 저녁에는 비가 많이 왔습니다. 범인은 흔적을 거의 남기지 않았습니다. 그런데 다행히 딱 하나의 지문만이 부분적으로 여기저기서 발견되었습니다. 조각난 지문을 보고 누가 과연 범인인지 찾아보세요.

범인의 지문은?

용의자1

용의자2

용의자3

중얼중얼 셈하기

숫자를 보고 난 다음 그 숫자를 소리 나는 대로 쓰면 한글로 쓸 수 있습니다. 셈의 기호도 마찬가지입니다. 이런 행동을 빨리하면 머릿속에서 숫자와 기호가 떠올라 두뇌 회전에도 도움이 됩니다.
문제는 앞에서부터 차례대로 연산해야 합니다.

 구빼기삼더하기이는? 9−3+2=6+2=8입니다.
9−(3+2)=4가 아닙니다.

1. 삼더하기오더하기이더하기육빼기삼더하기일은?

2. 칠+삼더하기팔+십이빼기삼더하기팔은?

3. 오십빼기십이더하기삼더하기사빼기구더하기이는?

4. 이더하기십오+이십더하기사더하기육−십일은?

5. 삼더하기구더하기십육빼기칠더하기사더하기오는?

6. 구−사+이십일더하기육−삼더하기팔더하기이는?

틀린 그림 찾기

틀린 그림 찾기는 누구나가 한 번 이상은 꼭 해 본 게임일 겁니다. 비슷한 그림이 위아래로 놓여 있습니다. 비교해 보면서 하나씩 틀린 그림을 찾아보세요. 하나씩 찾을 때마다 알 수 없는 기쁨이 밀려올 겁니다. 틀린 곳은 모두 5곳입니다.

제 5 일 문제 ①

덧셈 뺄셈 차차차!

월   일

숫자 및 기호 파악
계산

아래 각각의 문제에는 3개의 빈칸과 4개의 숫자가 있습니다. 빈칸에 제시된 숫자를 넣어서 정답과 같게 만들어 보세요. 하나의 숫자는 사용되지 않는다는 것을 알게 될 것입니다. 문제는 앞에서부터 차례대로 연산해야 합니다.

① ☐ − ☐ + ☐ = 5

7 · 1 · 6 · 2

② ☐ + ☐ − ☐ = 2

8 · 5 · 7 · 3

③ ☐ − ☐ + ☐ = 12

4 · 13 · 5 · 10

④ ☐ + ☐ − ☐ = 13

15 · 2 · 6 · 9

⑤ ☐ x ☐ − ☐ = 5

3 · 4 · 10 · 7

⑥ ☐ ÷ ☐ + ☐ = 11

12 · 8 · 2 · 6

58

숨은 패턴 찾기

알록달록한 무늬판이 있습니다. 그런데 이런 연속 무늬에는 일정한 규칙이 있습니다. 아래 예를 든 무늬는 전체 무늬판에서 몇 개인가요? 이때 주의할 것은 가로 세로, 위아래의 색깔이나 무늬가 모두 일치하는 것만을 1개로 친다는 점입니다.

❶   개   ❷   개

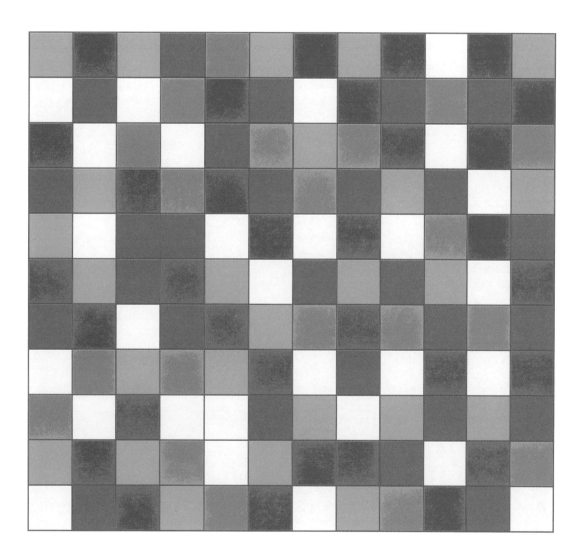

디지털 숫자 알아맞히기

모든 디지털 숫자는 그 값을 가지고 있습니다.
만약 숫자 3이라면 ABGCD입니다. 알파벳 순서와 상관없이 숫자를 쓰는 순서입니다. 33이라면 ABGCD*ABGCD입니다(자릿수마다 *가 붙습니다). 2+3이라면 ABGED+ABGCD입니다.

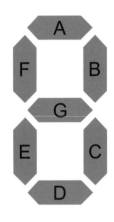

AFEDCG*BC−FGBC*ABCDEF는 얼마입니까?
아래 숫자판에 색칠을 하는 식으로 표시해 보세요.

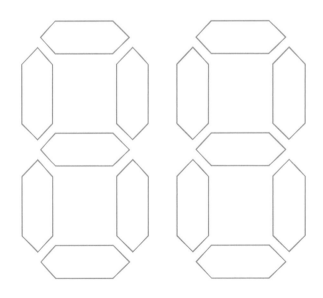

틀린 그림 찾기

틀린 그림 찾기는 누구나가 한 번 이상은 꼭 해 본 게임일 겁니다. 비슷한 그림이 위아래로 놓여 있습니다. 비교해 보면서 하나씩 틀린 그림을 찾아보세요. 하나씩 찾을 때마다 알 수 없는 기쁨이 밀려올 겁니다. 틀린 곳은 모두 5곳입니다.

따라 읽기·따라 쓰기

시각·청각·후각·촉각·미각의 오감을 자극하는 글을 만날 것입니다. 따라 읽고 쓰다 보면 그 글이 오감을 통해 온몸으로 스며드는 기분을 느낄 거예요. 그러면 자연히 마음이 편안해질 겁니다. 어디 그뿐인가요. 뇌에 좋은 영향을 미쳐 상상력도 풍부해질 거예요.

우리가 사는 날은 오늘.

우리가 사용할 수 있는 날은 오늘.

우리가 소유할 수 있는 날은 오늘뿐.

오늘을 사랑하라.

오늘에 정성을 쏟아라.

오늘 만나는 사람을 따뜻하게 대하라.

오늘은 영원 속의 오늘.

오늘처럼 중요한 날도 없다.

오늘처럼 소중한 시간도 없다.

오늘을 사랑하라.

어제의 미련을 버려라.

오지도 않은 내일을 걱정하지 마라.

우리의 삶은 오늘의 연속이다.

오늘이 30번 모여 한 달이 되고

오늘이 365번 모여 일 년이 되고

오늘이 3만 번 모여 일생이 된다.

따라 읽기·따라 쓰기

월 일
안정감
몰입감/집중

시각·청각·후각·촉각·미각의 오감을 자극하는 글을 만날 것입니다. 따라 읽고 쓰다 보면 그 글이 오감을 통해 온몸으로 스며드는 기분을 느낄 거예요. 그러면 자연히 마음이 편안해질 겁니다. 어디 그뿐인가요. 뇌에 좋은 영향을 미쳐 상상력도 풍부해질 거예요.

그대, 지나치게 걱정하지 마세요.

그대가 걱정하는 일들의 절반쯤은

현실로 일어나지 않고

1/3은 이미 일어난 일이기에

당신이 어떻게 할 수 있는 것이 아닙니다.

1/5은 사소한 것들이라

걱정하면 당신만 손해이고,

1/10은 인간의 힘으로

바꿀 수 있는 것이 아닙니다.

걱정하고, 걱정하고, 또 걱정해도

바뀌거나 바꿀 수 있는 것이 많지 않습니다.

그럴 시간에 차라리

무엇이라도 활기차게 해 보도록 합시다.

양손 운동 차차차!

신체로 전달되는 정보는 서로 교차하여서 오른쪽과 왼쪽 뇌로 전달됩니다. 따라서 양손을 모두 사용하면 뇌를 균형적으로 발달시킬 수 있습니다. 손가락 모양의 아이콘을 따라서 양손으로 동시에 화살표를 따라가 봅시다. 책에서 따라가는 것이 불편하면 바닥에 책과 같은 선이 있다고 생각하면서 해 봅시다.

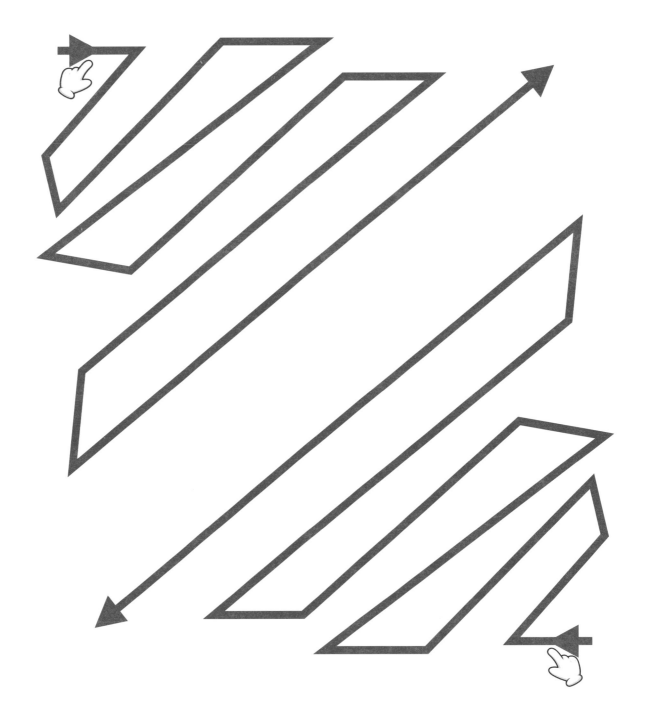

양손 운동 차차차!

글씨를 반대편 손으로 써 보거나, 칫솔질 정도는 왼손으로도 할 수 있습니다. 양쪽의 뇌를 모두 쓰는 것은 뇌의 건강을 위해서 아주 중요한 행동입니다. 손가락 모양의 아이콘을 따라서 양손으로 동시에 화살표를 따라가 봅시다. 책에서 따라가는 것이 불편하면 바닥에 책과 같은 선이 있다고 생각하면서 해 봅시다.

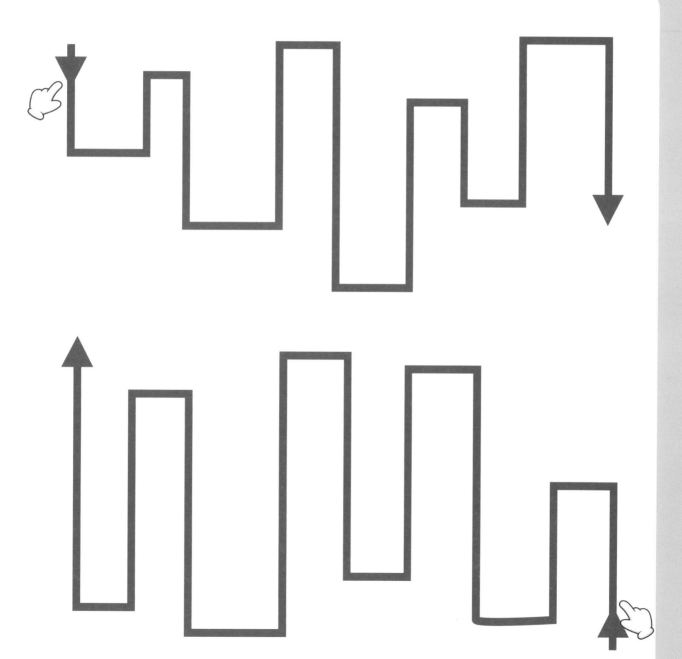

벌집을 눌러 보세요

꿀벌들이 벌집으로 꿀과 꽃가루를 가져와 저축합니다.
아! 그런데 자세히 보니 꿀벌들이 가져오는 꿀이나 꽃가루마다 해당하
는 알파벳이나 숫자가 있네요.

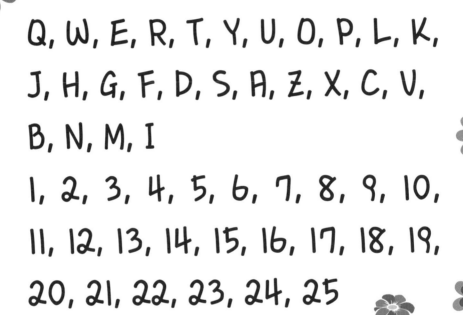

Q, W, E, R, T, Y, U, O, P, L, K,
J, H, G, F, D, S, A, Z, X, C, V,
B, N, M, I
1, 2, 3, 4, 5, 6, 7, 8, 9, 10,
11, 12, 13, 14, 15, 16, 17, 18, 19,
20, 21, 22, 23, 24, 25

얼마나 빨리 벌집에 맞는 알파벳이나 숫자를 찾아서 꿀과 꽃가루를 담을 수 있을까요? 왼쪽의 알파벳이나 숫자를 보면서 순서에 따라 오른쪽 벌집에서 같은 알파벳이나 숫자를 눌러 보세요.

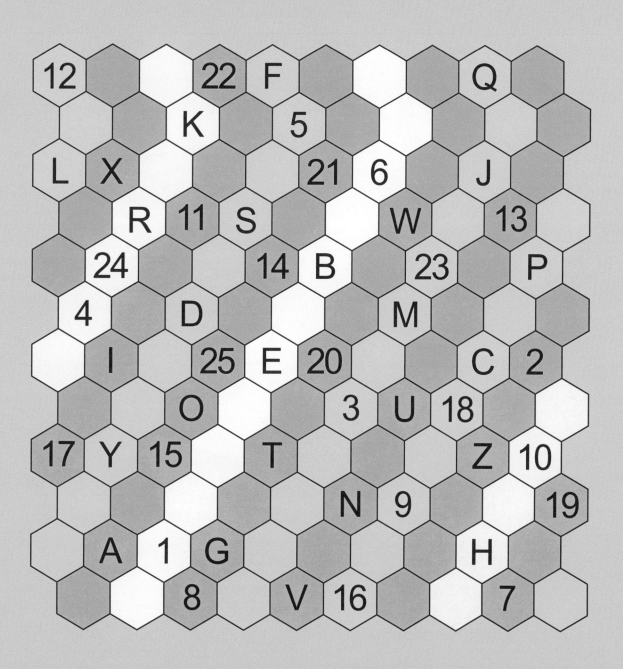

순서대로 차차차!

숫자가 순서대로 되어 있지 않고 여기저기 아무렇게나 널려 있습니다. 주어진 목표에 따라서 숫자나 글자를 찾아보세요. 1부터 손가락으로 짚으면서 소리 내어 읽고 찾아보세요.

목표 : 1~35번까지 순서대로 찾아보세요.

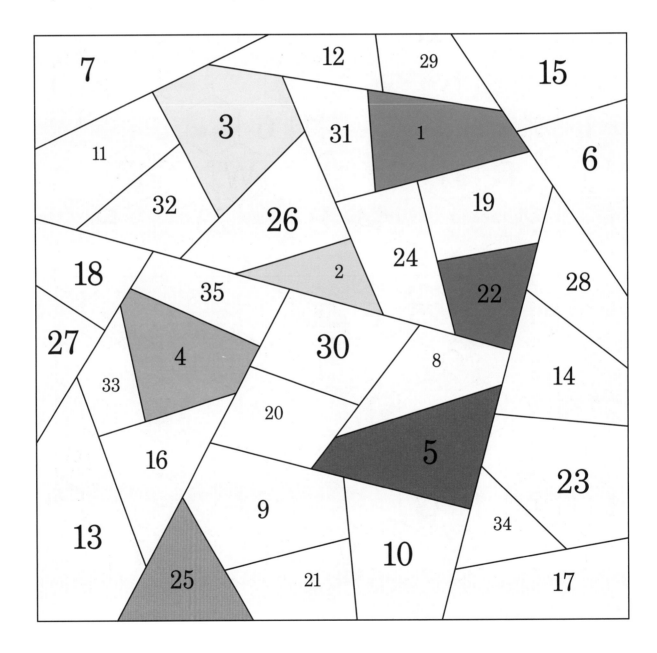

각각의 개수

얼핏 보면 사람들이 비슷비슷해 보입니다.
하지만 잘 들여다보면 조금씩 다릅니다. 아래 동그라미 안의 사람들
중에서 같은 사람은 각각 얼마나 되는지 찾아봅시다.

❶  ❷   ❸   ❹   ❺

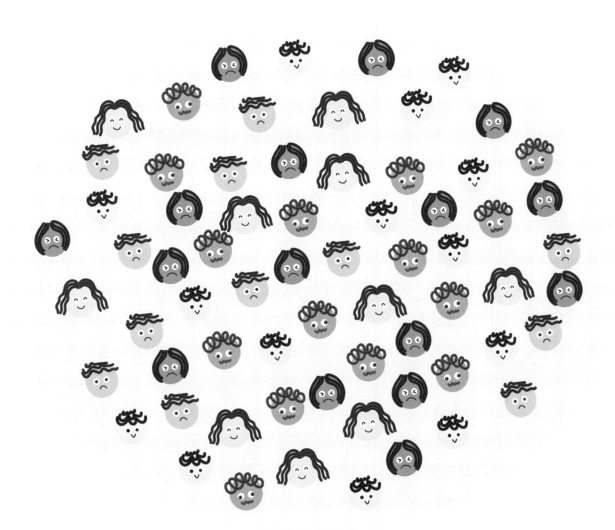

오름차순 내림차순

낮은 숫자에서 높은 숫자로 나열하는 것이 오름차순이고, 높은 숫자에서 낮은 숫자로 나열하는 것이 내림차순입니다. 오름차순으로 한번, 다시 내림차순으로 한번 표시해 보세요. 참! 연속 숫자는 아니며 큰 수, 혹은 작은 수 순서로 표시하면 됩니다.

50	99	64	88	40
83	23	115	53	110
77	92	134	150	79
42	101	121	25	131
93	27	66	97	46
57	81	105	35	72

틀린 그림 찾기

틀린 그림 찾기는 누구나가 한 번 이상은 꼭 해 본 게임일 겁니다. 비슷한 그림이 위아래로 놓여 있습니다. 비교해 보면서 하나씩 틀린 그림을 찾아보세요. 하나씩 찾을 때마다 알 수 없는 기쁨이 밀려올 겁니다. 틀린 곳은 모두 5곳입니다.

무엇이 더 무거울까?

맛있는 과일들이 하나 가득 있습니다. 저울에 한번 달아 볼까요?
사과, 수박, 파인애플, 포도 중에서 어떤 과일이 가장 무거울까요?
아래 그림을 보고 무거운 과일을 1번으로 해서 번호를 매겨 봅시다.

겹친 블록 상상하기

블록들이 각각의 공간을 서로 가지고 있습니다. 그런데 어떤 블록과 또 다른 어떤 블록의 공간을 합하면 어떻게 될까요? 아래 예로 든 블록을 겹치면 어떤 모양이 될까요? 한번 찾아보세요.

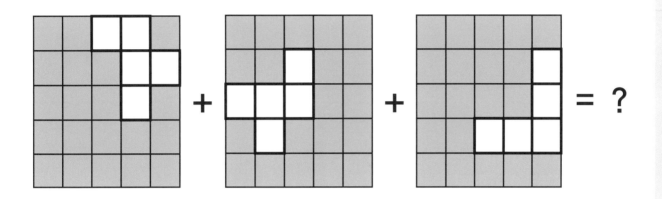

위의 블록들을 겹쳤을 때의 올바른 모양을 찾아보세요.

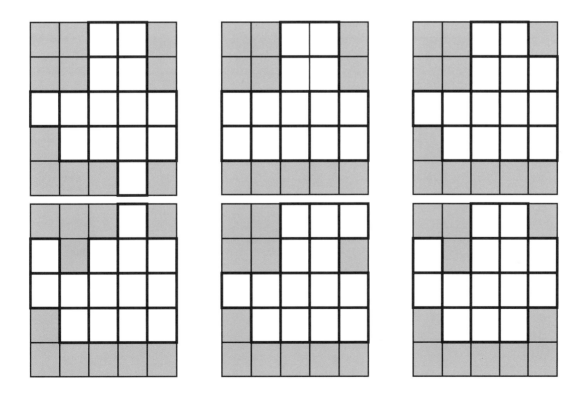

가로 세로 산수 놀이

월 일
연산
대응

숫자와 연산기호들이 가로와 세로로 들어가 있네요. 그런데 군데군데
비어 있습니다. 밖에는 더하기, 빼기, 곱하기, 나누기 조각과 숫자들
이 있습니다. 밖에 있는 조각들을 안에 넣어서 문제의 답을 완성해 보
세요. 조각들은 딱 한 번만 사용하고 남은 조각도 없어야 합니다.

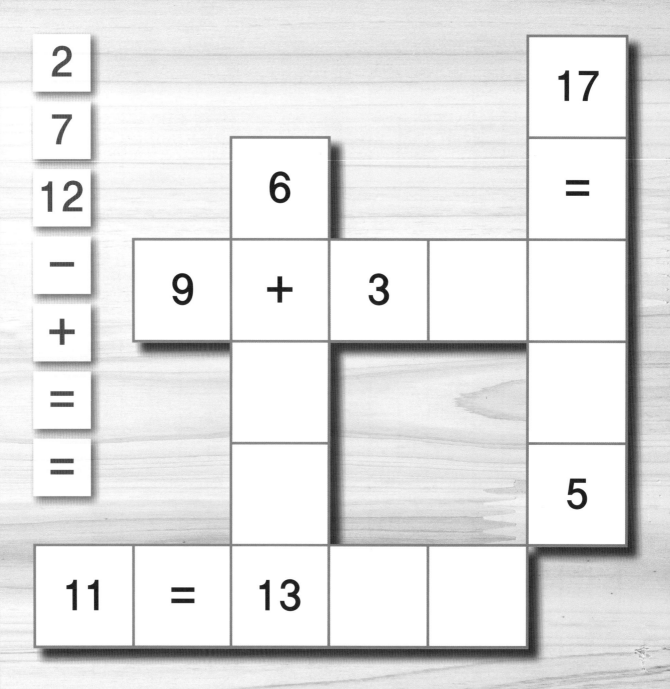

2
7
12
−
+
=
=

6

9   +   3

17
=

5

11   =   13

틀린 그림 찾기

월 일
집중력/비교
변화 파악

틀린 그림 찾기는 누구나가 한 번 이상은 꼭 해 본 게임일 겁니다. 비슷한 그림이 위아래로 놓여 있습니다. 비교해 보면서 하나씩 틀린 그림을 찾아보세요. 하나씩 찾을 때마다 알 수 없는 기쁨이 밀려올 겁니다. 틀린 곳은 모두 5곳입니다.

75

열쇠와 자물쇠

열쇠와 자물쇠는 한 쌍이 되어야만 비로소 사용할 수 있는 물건입니다. 그런데 이를 어쩌죠. 열쇠는 하나인데 자물쇠가 네 개나 있네요. 분명히 열쇠와 맞는 쌍인 자물쇠는 하나뿐일 텐데요. 자, 그러면 아래 자물쇠 중 어느 것이 열쇠와 맞는 짝일까요?

차례대로 숫자 누르기

월 일
순서
수 세기

네모 칸 안에 알록달록한 숫자들이 들어 있습니다. 1번부터 시작해서 48번까지 한번 차례대로 눌러 보세요. 얼마나 빨리 찾아서 누를 수 있을까요? 끝까지 눌렀다면 이번에는 반대로 48번부터 1번까지 거꾸로 눌러 보세요.

14	21	32	35	26	8
25	38	43	20	16	44
9	2	40	3	24	36
48	23	15	10	4	39
29	46	27	1	30	13
34	11	5	41	22	33
12	17	47	18	45	6
19	7	42	31	37	28

겹친 모양 상상하기

도형들을 서로 겹쳐 놓으면 각각이 가진 본래 모양을 파악하기는 쉽지 않습니다. 아래 예를 든 모양들을 겹쳤을 때 나오는 올바른 모양이 무엇인지 아래에서 찾아보세요.

예

틀린 그림 찾기

틀린 그림 찾기는 누구나가 한 번 이상은 꼭 해 본 게임일 겁니다. 비슷한 그림이 위아래로 놓여 있습니다. 비교해 보면서 하나씩 틀린 그림을 찾아보세요. 하나씩 찾을 때마다 알 수 없는 기쁨이 밀려올 겁니다. 틀린 곳은 모두 5곳입니다.

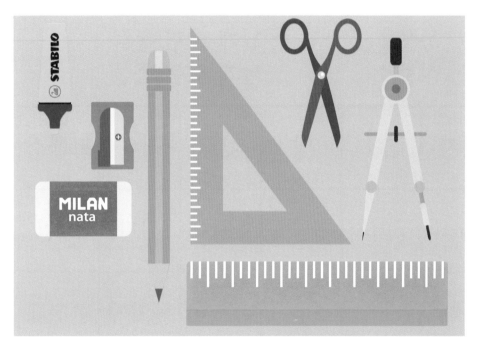

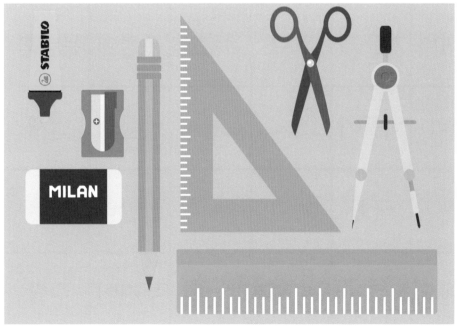

동물·식물 찾기

7+4
6×3
÷ +

네모 칸마다 동물이나 식물의 이름이 들어 있습니다. 동물에는 O를, 식물에는 X 표시를 해 보세요. 동물은 모두 얼마나 됩니까? 다시 동물을 날개가 있는 동물과 없는 동물로 나눠 생각하고 답을 적어 봅시다. 또 식물은 모두 얼마나 됩니까?

정답 동물 :   날개 달린 동물 :
       식물 :   날개 없는 동물 :

돼지	염소	양	젖소	낙타	코뿔소	대나무
코끼리	두더지	북극곰	호랑이	사자	표범	오소리
늑대	나팔꽃	스컹크	족제비	돌고래	범고래	들쥐
두꺼비	개구리	고니	독수리	부엉이	무궁화	두루미
제비	비둘기	까치	도룡뇽	방울뱀	벌새	꾀꼬리
까마귀	국화	기린	토끼	코알라	캥거루	원숭이
침팬지	올빼미	참새	뻐꾸기	두견이	수탉	펭귄

끼리끼리 묶기

끼리끼리 묶여서 한 덩어리를 이루는 것들이 있습니다. 여기 예를 든 것들도 그렇게 묶을 수 있습니다. 묶는 순서는 상관이 없습니다. 모두 덩어리로 묶어서 나머지가 없도록 해야 합니다.

예

❶
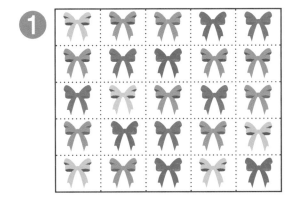

❷
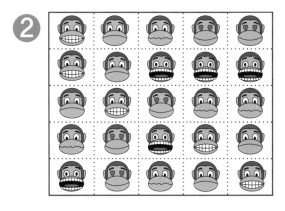

❸
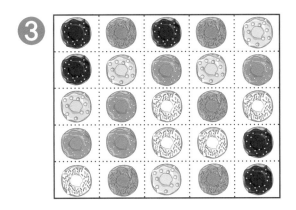

❹
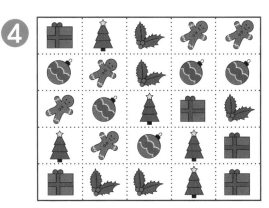

하노이타워를 찾아라

퍼즐 게임의 하나인 하노이타워입니다.
그런데 모두 다섯 층의 탑을 위에서 내려다보면 각각은 아래 어떤 모
양과 같을까요? 정답을 찾아보세요.

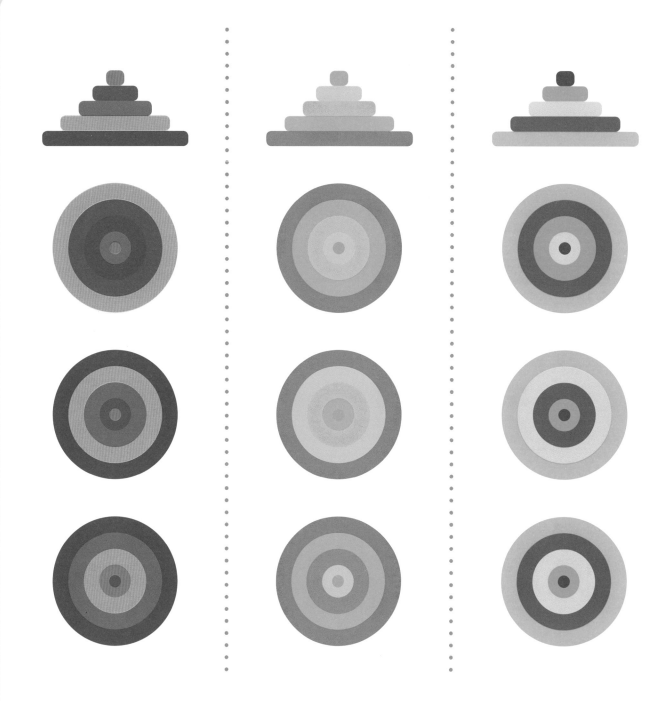

틀린 그림 찾기

틀린 그림 찾기는 누구나가 한 번 이상은 꼭 해 본 게임일 겁니다. 비슷한 그림이 위아래로 놓여 있습니다. 비교해 보면서 하나씩 틀린 그림을 찾아보세요. 하나씩 찾을 때마다 알 수 없는 기쁨이 밀려올 겁니다. 틀린 곳은 모두 5곳입니다.

지역 전화번호 놀이

7+4
6×3

2000년부터 시·군별로 세분되어 있던 144개 지역 번호를 특별시·광역시·도별로 구분하여 16개 지역 번호로 통합했습니다. 예전에는 144개를 다 외우는 사람도 있었습니다. 그때 비하면 정말 쉽습니다. 〈독도는 우리땅〉 노래의 리듬에 맞춰서 한번 아래 예를 노래처럼 불러 볼까요?

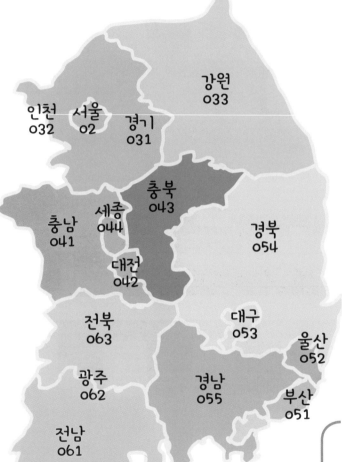

예

노래는 〈독도는 우리땅〉입니다.
만약 문제가 '서울 – 대구 – 전북 – 제주'라면 옆의 그림을 보고 숫자로 바꿔서 노래를 불러 보는 것입니다.
'공이~~공오삼~~공육삼~~~공육사~' 하는 식입니다.

┌─ 문제 ──────────────
서울 – 부산 – 대구 – 광주
경기 – 강원 – 서울 – 대구
전북 – 제주 – 경기 – 강원
전남 – 서울

좌우대칭 그림 그리기

비교
대칭

좌우대칭은 평면·선·면 등에 의하여 좌우로 똑같이 나누어지는 경우를 말합니다. 아래 그림에서 지워진 나머지 한쪽의 대칭면 그림을 그려 보세요.

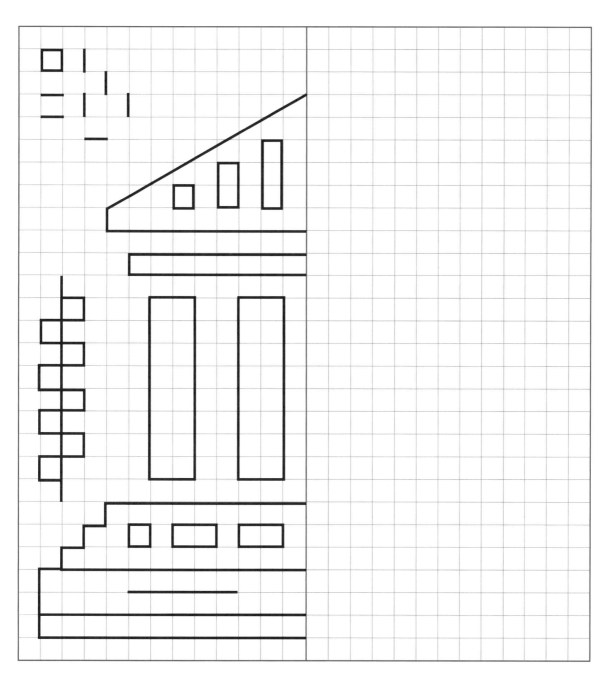

동물농장에 왔어요

닭장 속에는 암탉이~ 외양간에는 송아지~~ 동물농장에 가면 우리에 게 친숙한 동물들이 많이 있습니다.
동물농장에는 모두 몇 마리의 동물이 살고 있을까요? 또 그 동물의 다리 개수는 얼마나 될까요? 한번 알아볼까요?

우리 농장에는 말 10마리와 얼룩소 3마리, 염소 7마리와 토끼 5마리, 오리 9마리와 닭 11마리, 돼지 4마리가 있다 네. 그렇다면 돼지와 말의 다리 수를 합한 것에서 염소와 닭의 다리 수를 합한 것을 빼면 얼마인지 알겠나?

틀린 그림 찾기

틀린 그림 찾기는 누구나가 한 번 이상은 꼭 해 본 게임일 겁니다. 비슷한 그림이 위아래로 놓여 있습니다. 비교해 보면서 하나씩 틀린 그림을 찾아보세요. 하나씩 찾을 때마다 알 수 없는 기쁨이 밀려올 겁니다. 틀린 곳은 모두 5곳입니다.

따라 읽기·따라 쓰기

시각·청각·후각·촉각·미각의 오감을 자극하는 글을 만날 것입니다. 따라 읽고 쓰다 보면 그 글이 오감을 통해 온몸으로 스며드는 기분을 느낄 거예요. 그러면 자연히 마음이 편안해질 겁니다. 어디 그뿐인가요. 뇌에 좋은 영향을 미쳐 상상력도 풍부해질 거예요.

인생은 더하고 빼고, 곱하고 나누기다.

때로는 소소한 웃음과 행복으로 더하기도 하고,

때로는 우울하고 슬픈 마음의 빼기도 하고,

때로는 즐거움에 겨워 함께 거듭 곱하기도 하고,

때로는 어깨를 껴안고 공감하는 나누기도 한다.

하지만 그 어떤 때라고 해도

그 순간에 당신이란 존재의 숫자가 '0'이라면

아무 일도 일어나지 않거나 최악으로 바뀐다.

따라 읽기·따라 쓰기

월   일
안정감
몰입감/집중

시각·청각·후각·촉각·미각의 오감을 자극하는 글을 만날 것입니다. 따라 읽고 쓰다 보면 그 글이 오감을 통해 온몸으로 스며드는 기분을 느낄 거예요. 그러면 자연히 마음이 편안해질 겁니다. 어디 그뿐인가요. 뇌에 좋은 영향을 미쳐 상상력도 풍부해질 거예요.

내 삶에서 가장 행복한 날은 바로 오늘이다.

내 삶에서 가장 귀중한 날은 바로 오늘이다.

내 삶에서 가장 빛나는 날은 바로 오늘이다.

그 '오늘'이 쌓여 미래와 인생이 만들어진다.

그래서 어제는 지나간 오늘이고,

내일은 다가오는 오늘이다.

오늘 우리가 하지 않으면 미래의 언젠가는

반드시 후회하고 만다.

'할 수도 있었는데.'

'했어야 했는데.'

'해야만 했는데.'

양손 운동 차차차!

신체로 전달되는 정보는 서로 교차하여서 오른쪽과 왼쪽 뇌로 전달됩니다. 따라서 양손을 모두 사용하면 뇌를 균형적으로 발달시킬 수 있습니다. 손가락 모양의 아이콘을 따라서 양손으로 동시에 화살표를 따라가 봅시다. 책에서 따라가는 것이 불편하면 바닥에 책과 같은 선이 있다고 생각하면서 해 봅시다.

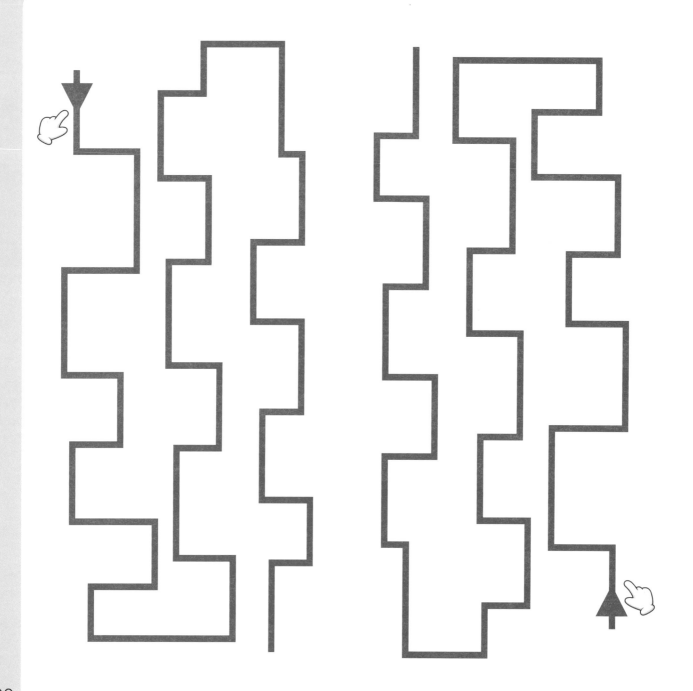

제 6 일
문제 ④

양손 운동 차차차!

글씨를 반대편 손으로 써 보거나, 칫솔질 정도는 왼손으로도 할 수 있습니다. 양쪽의 뇌를 모두 쓰는 것은 뇌의 건강을 위해서 아주 중요한 행동입니다. 손가락 모양의 아이콘을 따라서 양손으로 동시에 화살표를 따라가 봅시다. 책에서 따라가는 것이 불편하면 바닥에 책과 같은 선이 있다고 생각하면서 해 봅시다.

벌집을 눌러 보세요

꿀벌들이 벌집으로 꿀과 꽃가루를 가져와 저축합니다.
아! 그런데 자세히 보니 꿀벌들이 가져오는 꿀이나 꽃가루마다 해당하는 한글과 알파벳이 있네요.

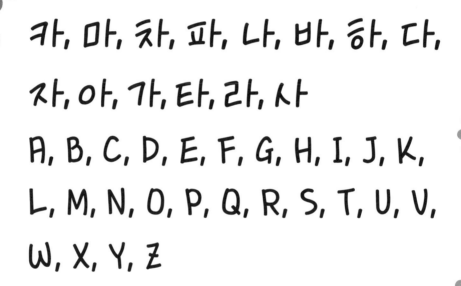

카, 마, 차, 파, 나, 바, 하, 다,
자, 아, 가, 타, 라, 사
A, B, C, D, E, F, G, H, I, J, K,
L, M, N, O, P, Q, R, S, T, U, V,
W, X, Y, Z

얼마나 빨리 벌집에 맞는 한글과 알파벳을 찾아서 꿀과 꽃가루를 담을 수 있을까요? 왼쪽의 한글과 알파벳을 보면서 순서에 따라 오른쪽 벌집에서 같은 한글이나 알파벳을 눌러 보세요.

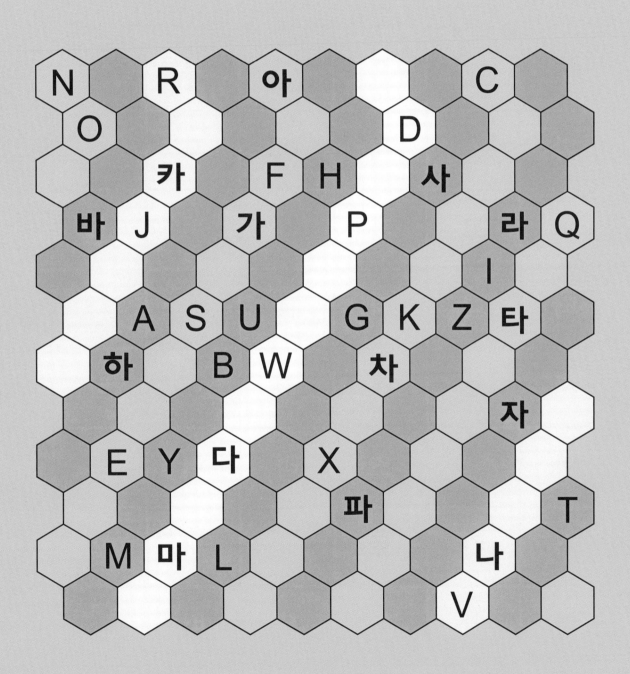

차례대로 한글 누르기

네모 칸 안에 알록달록한 글자들이 들어 있습니다. 가나다라마바사아 자차카타파하, 거너더러~(아, 어, 오, 우 순서입니다). 마지막 글자 는 '부'입니다. 차례대로 눌러 보세요. 얼마나 빨리 찾아서 누를 수 있습니까? 끝까지 눌렀다면 이번에는 반대로 해 보세요.

고	더	호	서	구	도
파	소	처	바	무	하
아	코	가	노	퍼	조
터	나	자	토	러	사
저	보	너	커	누	타
마	포	초	라	어	부
거	카	로	오	다	모
머	차	허	두	버	루

차례대로 영어 누르기

월 일
차례
판단

네모 칸 안에 알록달록한 알파벳들이 들어 있습니다. 알파벳 대문자 A부터 시작해서 Z까지 간 다음에 소문자 a부터 시작해서 찾아보세요. 마지막 글자는 소문자 'v'입니다. 차례대로 얼마나 빨리 찾아서 누를 수 있습니까? 끝까지 눌렀다면 이번에는 반대로 해 보세요.

a	g	W	s	M	l
N	F	k	T	E	j
G	R	J	f	r	O
Z	l	A	d	D	o
H	U	b	Q	v	i
X	L	B	V	C	Y
P	q	e	n	c	t
h	S	p	m	u	K

빈칸에 그려 보세요

제 1 일
문제 ③

월 일
개수 파악

<보기>의 문양과 각 문양의 개수를 알아보고 아래의 빈칸에 빠진 만큼 채워 넣어 보세요. 어떤 곳에 채우건 상관없습니다. 해당 문양의 개수만 정확하게 맞으면 됩니다.

<보기>

¤	◑	♫	⊕	♀	♡	♨
5	8	9	10	6	7	4

	⊕			⊕		♫
	◑	♫	◑		♨	
♀	♡		¤	♫	◑	
	◑	⊕	♫		♀	♡
⊕	¤	♫	♨	⊕	¤	
♡		◑	♀	♡	⊕	
♫	♀	⊕		◑		♫

96

틀린 그림 찾기

틀린 그림 찾기는 누구나가 한 번 이상은 꼭 해 본 게임일 겁니다. 비슷한 그림이 위아래로 놓여 있습니다. 비교해 보면서 하나씩 틀린 그림을 찾아보세요. 하나씩 찾을 때마다 알 수 없는 기쁨이 밀려올 겁니다. 틀린 곳은 모두 5곳입니다.

왼쪽 그림 오른쪽 글자

핫도그, 우유, 피자, 샌드위치, 햄버거 등등 여러 음식들이 보이네요. 자, 왼쪽에 있는 음식의 그림이 오른쪽에 글자로 있는지 한번 확인해 볼까요? 어떤 그림, 혹은 글자가 빠졌는지 찾아서 표시해 보세요.

팬케이크   우유

커피   피자

핫도그

팬케이크   커피

핫도그   우유

햄버거

햄

햄   핫도그   샌드위치

피자

햄버거

누구나 한 번쯤은 자신이 명탐정이 되어서 사건을 해결하고, 문제나 퀴즈를 척척 푸는 모습을 상상해 보았을 것입니다. 그렇다면 아래 내용을 읽고 탐정이 되어서 답을 찾아볼까요?

두 사람의 대화를 잘 읽고, 여기서 말하는 사람이
누구인지 찾아보세요.

A : 머리에 뭔가 액세서리를 하는 것을 좋아하지 않아.

B : 그래. 치마를 가끔 입기도 하지만, 주로 바지를 즐겨 입는 편이지.

A : 활동적인 아이라서 그래.

B : 맞아. 하지만 보라색도 좋아해.

A : 신발만큼은 푸른색을 고집하지.

모두 몇 개일까요?

맛있는 과일들이 가득합니다. 딸기, 사과, 수박, 바나나, 귤 등이 있습니다. 아래 질문에 대답해 보세요.

사과와 딸기를 합한 수에서 수박의 개수를
뺀 수를 쓰세요.

바나나와 수박을 합한 수에서 귤의 개수를
빼고 토마토를 더한 수를 쓰세요.

틀린 그림 찾기

틀린 그림 찾기는 누구나가 한 번 이상은 꼭 해 본 게임일 겁니다. 비슷한 그림이 위아래로 놓여 있습니다. 비교해 보면서 하나씩 틀린 그림을 찾아보세요. 하나씩 찾을 때마다 알 수 없는 기쁨이 밀려올 겁니다. 틀린 곳은 모두 5곳입니다.

들락날락 하우스

사람들이 집에 들락날락합니다. 개나 고양이도 집으로 들어갔다가 다시 나오거나 집에 머뭅니다. 이 집에 들어간 사람, 강아지, 고양이는 모두 몇 명(마리)이고, 집에 머물러 있는 것은 모두 몇 명(마리)입니까?

집에 들어간 사람, 강아지, 고양이는 각각 몇 명(마리)입니까?

집에 머물러 있는 것은 모두 몇 명(마리)입니까?

주사위 앞면 숫자 더하기

두 개의 주사위 눈금을 그대로 읽으면 두 자리의 숫자가 됩니다. 주사위 눈금을 잘 보고 숫자로 바꿔서 빼거나 더해 보세요.

$$42 + 15 = 67$$

1. ▨▨ − ▨▨ =

2. ▨▨ + ▨▨ =

3. ▨▨ − ▨▨ =

4. ▨▨ + ▨▨ =

5. ▨▨ − ▨▨ =

6. ▨▨ + ▨▨ =

7. ▨▨ − ▨▨ =

비밀번호를 찾아라

즐거운 여행! 공항에서 내려 숙소에 도착했습니다. 그런데 여행 가방 의 자물쇠 비밀번호를 깜빡하고 말았습니다. 직접 알려 주면 남들이 본다며 손녀가 보내 준 퀴즈 같은 비밀 메시지. 메시지의 내용을 참고 해서 여행 가방을 열고 즐거운 여행 하세요.

- 비밀번호는 0부터 9까지의 숫자로 되어 있습니다.

- 비밀번호는 서로 다른 5개의 숫자로 이루어져 있습니다.

- 열리기 전의 숫자들은 진짜 비밀번호의 숫자들과 겹치지 않습니다.

- 현재 숫자에서 짝수는 홀수로, 홀수는 짝수로 바뀝니다.

- 가장 큰 숫자가 0이 있던 자리로 가고 가장 작은 숫자는 제일 큰 숫자인 8의 자리에 옵니다.

- 현재 숫자 5의 자리에는 5보다 작은 숫자가 옵니다.

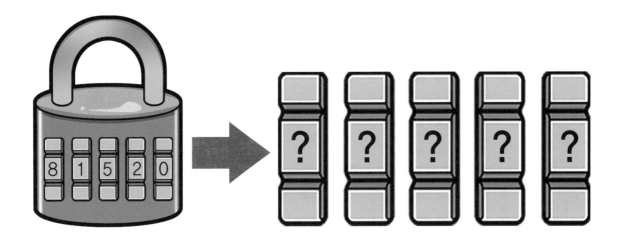

틀린 그림 찾기

틀린 그림 찾기는 누구나가 한 번 이상은 꼭 해 본 게임일 겁니다. 비슷한 그림이 위아래로 놓여 있습니다. 비교해 보면서 하나씩 틀린 그림을 찾아보세요. 하나씩 찾을 때마다 알 수 없는 기쁨이 밀려올 겁니다. 틀린 곳은 모두 5곳입니다.

같은 그림 따라가기

모두 비슷해 보이죠? 하지만 같은 얼굴을 찾아서 이을 수 있습니다. 출발점의 얼굴과 같은 모양을 따라서 끝까지 가 봅니다. 마지막에 도착지에 제대로 왔나요?

상하좌우로만 움직여야 합니다. 대각선으로는 가지 마세요.

내려가면서 더하기

월 일

사다리는 타고 올라갈 때도 쓰지만, 반대로 다시 타고 내려 오기도 합니다. 위에 있는 두 수의 합이 아래의 숫자가 됩니다. 단, 주의할 점은 숫자가 십의 자리를 넘어가면 일의 자리 숫자만 표시합니다. 만약 13이라면 3이 됩니다.

5	1	4	2	6	3	0	9	1	7
	6	5	6	8	9				
			4					9	
				9					
							1		
									0

나무젓가락 산수

나무젓가락이 서로 겹쳐 있네요. 젓가락이 겹치는 곳은 곱하기의 개념입니다. 검정은 1, 파랑은 2, 빨강은 3입니다. 서로 곱해지는 것을 잘 보고 젓가락 산수의 값이 모두 얼마인지 계산해 봅시다.

$(1*3) + (1*1)*(1*2)*(1*2) = 3 + (1*2*2) = 7$

1 ❙❙ + ❙❙ =

2 ❙❙ + ❙❙ =

3 ❙❙ + ❙❙ =

4 ❙❙ + ❙❙ =

틀린 그림 찾기

틀린 그림 찾기는 누구나가 한 번 이상은 꼭 해 본 게임일 겁니다. 비슷한 그림이 위아래로 놓여 있습니다. 비교해 보면서 하나씩 틀린 그림을 찾아보세요. 하나씩 찾을 때마다 알 수 없는 기쁨이 밀려올 겁니다. 틀린 곳은 모두 5곳입니다.

브릿지 게임

직선이나 직각으로만 움직일 수 있습니다(대각선은 안 돼요). 다른 다리나 숫자 섬을 가로지르는 것도 안 됩니다. 최대 두 개의 다리가 한 쌍의 섬을 연결합니다. 각 섬에 연결된 다리 수는 해당 섬의 수와 일치해야 합니다. 연결되지 않은 고립된 섬이 있어서는 안 됩니다. 다리를 통해 모든 섬으로 갈 수 있도록 그려야 됩니다.

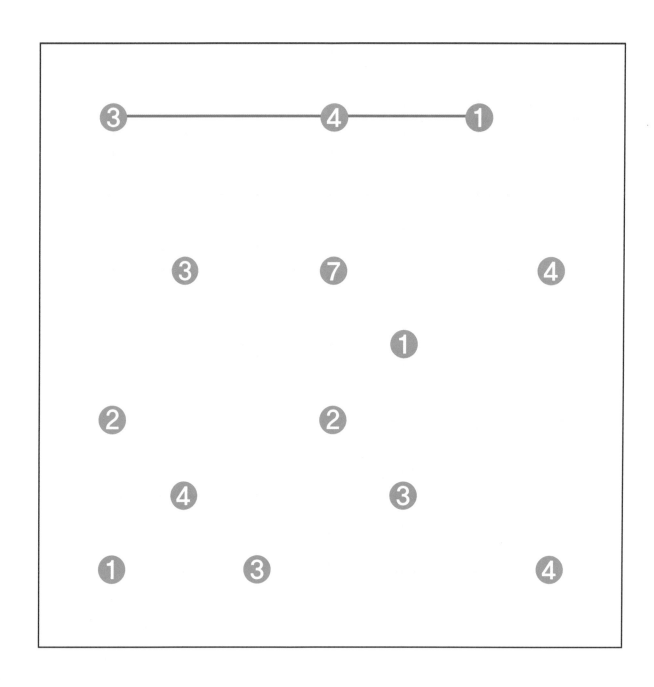

제 5 일
문제
②

같은 모양은 모두 몇 개?

월   일
비교
산수

세상에는 비슷한 모양의 것들이 많습니다. 하지만 자세히 보면 조금 씩 다르다는 것을 알 수 있습니다. 어떤 것이 진짜 예시의 모양과 같은지 찾아보세요.

예: 정답   개

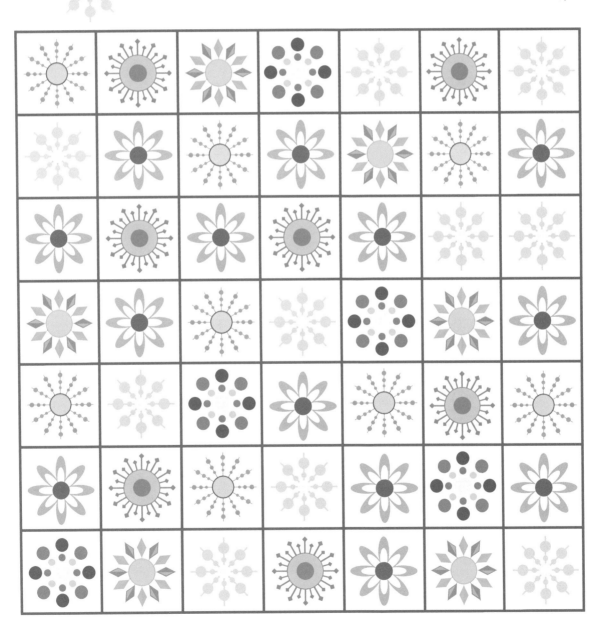

빠진 숫자 계산하기

1~10까지 숫자들이 네모 칸 안에 있습니다. 그런데 네모 칸에는 9개의 숫자만 들어갈 수 있습니다. 빠진 숫자는 무엇일까요? 한글과 아라비아 숫자들이 섞여 있습니다. 잘 보고 빠진 숫자를 찾아서 합산해 보세요.

예

없는수 일
이	십	사
칠	구	5
육	삼	팔

+

없는수 삼
이	오	일
팔	4	육
7	십	구

+

없는수 육
팔	구	오
사	칠	일
십	이	3

= 10

오	9	이
사	육	삼
일	칠	십

+

십	육	삼
사	칠	오
8	구	일

+

사	5	칠
2	구	십
팔	일	육

= □

십	팔	육
오	3	구
칠	사	이

+

구	육	일
삼	오	이
십	7	팔

−

일	9	오
육	팔	십
이	칠	사

= □

일	이	구
8	육	삼
사	십	오

−

십	육	사
삼	1	오
칠	구	팔

−

칠	일	삼
오	이	십
구	6	팔

= □

틀린 그림 찾기

틀린 그림 찾기는 누구나가 한 번 이상은 꼭 해 본 게임일 겁니다. 비슷한 그림이 위아래로 놓여 있습니다. 비교해 보면서 하나씩 틀린 그림을 찾아보세요. 하나씩 찾을 때마다 알 수 없는 기쁨이 밀려올 겁니다. 틀린 곳은 모두 5곳입니다.

따라 읽기·따라 쓰기

시각·청각·후각·촉각·미각의 오감을 자극하는 글을 만날 것입니다. 따라 읽고 쓰다 보면 그 글이 오감을 통해 온몸으로 스며드는 기분을 느낄 거예요. 그러면 자연히 마음이 편안해질 겁니다. 어디 그뿐인가요. 뇌에 좋은 영향을 미쳐 상상력도 풍부해질 거예요.

세상은 더불어 살아가는 것이다.

타인이 하는 말에 귀를 기울여라.

자신의 목소리만 듣는 사람은 매우 어리석은 사람이다.

더구나 다른 사람의 말은 못들은 척하고

자기의 말만 잔뜩 늘어놓는 사람은

보통 어리석은 사람이 아니다.

지나친 자부심은 다른 사람들의 경멸로 인해

그 대가를 받는다.

잘난 척하는 자는 오직 자기 말만 떠벌리는 버릇이 있다.

게다가 자기의 말에 도취되어 듣는 사람들을

곤혹스럽게 한다.

따라 읽기·따라 쓰기

시각·청각·후각·촉각·미각의 오감을 자극하는 글을 만날 것입니다. 따라 읽고 쓰다 보면 그 글이 오감을 통해 온몸으로 스며드는 기분을 느낄 거예요. 그러면 자연히 마음이 편안해질 겁니다. 어디 그뿐인가요. 뇌에 좋은 영향을 미쳐 상상력도 풍부해질 거예요.

"인생에서 가장 중요한 때는 언제이며,
가장 중요한 사람은 누구이며,
가장 중요한 일은 무엇입니까?"

"가장 중요한 시간은 현재입니다.
지금 이 순간만이 우리가 통제하고 고쳐나갈 수
있기 때문입니다. 다음으로 중요한 사람은
지금 당신 앞에 있는 사람입니다.
현재 당신 앞에 있는 사람에게 충실해야 합니다.
우리는 현재를 살아가기 때문입니다.
마지막으로 가장 중요한 일은 당신 앞에 있는
사람과 서로 사랑하는 일입니다.
우리 인간은 서로 사랑하고 사랑받기 위해
태어났기 때문입니다."

양손 운동 차차차!

신체로 전달되는 정보는 서로 교차하여서 오른쪽과 왼쪽 뇌로 전달됩니다. 따라서 양손을 모두 사용하면 뇌를 균형적으로 발달시킬 수 있습니다. 손가락 모양의 아이콘을 따라서 양손으로 동시에 화살표를 따라가 봅시다. 책에서 따라가는 것이 불편하면 바닥에 책과 같은 선이 있다고 생각하면서 해 봅시다.

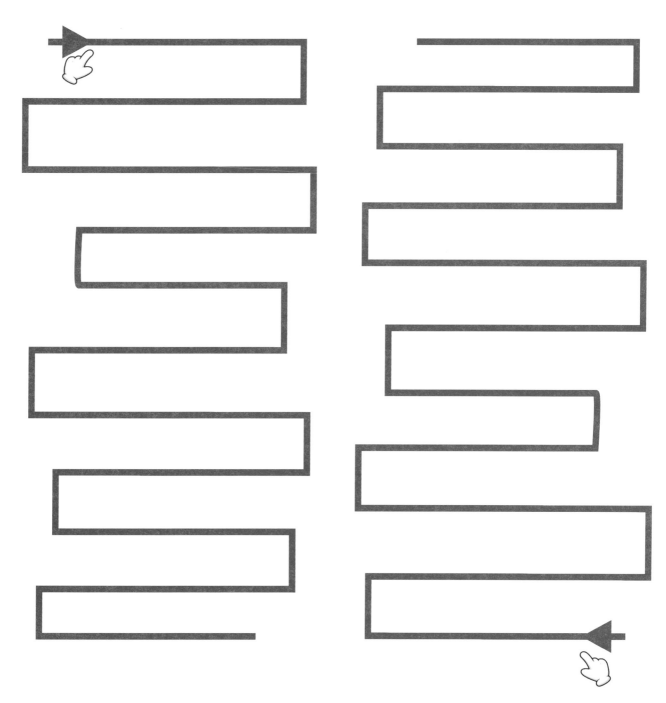

양손 운동 차차차!

월   일
좌뇌/우뇌 활성화

글씨를 반대편 손으로 써 보거나, 칫솔질 정도는 왼손으로도 할 수 있습니다. 양쪽의 뇌를 모두 쓰는 것은 뇌의 건강을 위해서 아주 중요한 행동입니다. 손가락 모양의 아이콘을 따라서 양손으로 동시에 화살표를 따라가 봅시다. 책에서 따라가는 것이 불편하면 바닥에 책과 같은 선이 있다고 생각하면서 해 봅시다.

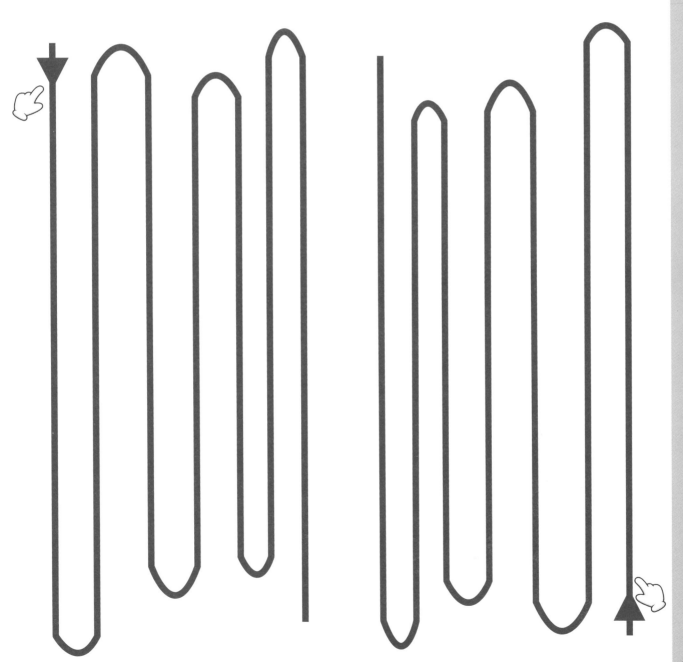

117

벌집을 눌러 보세요

꿀벌들이 벌집으로 꿀과 꽃가루를 가져와 저축합니다.
아! 그런데 자세히 보니 꿀벌들이 가져오는 꿀이나 꽃가루마다 해당하는 숫자나 한글을 있네요.

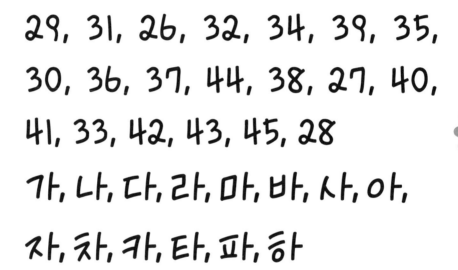

29, 31, 26, 32, 34, 39, 35,
30, 36, 37, 44, 38, 27, 40,
41, 33, 42, 43, 45, 28
가, 나, 다, 라, 마, 바, 사, 아,
자, 차, 카, 타, 파, 하

얼마나 빨리 벌집에 맞는 숫자나 한글을 찾아서 꿀과 꽃가루를 담을 수 있을까요? 왼쪽의 숫자나 한글을 보면서 순서에 따라 오른쪽 벌집에서 같은 숫자나 한글을 눌러 보세요.

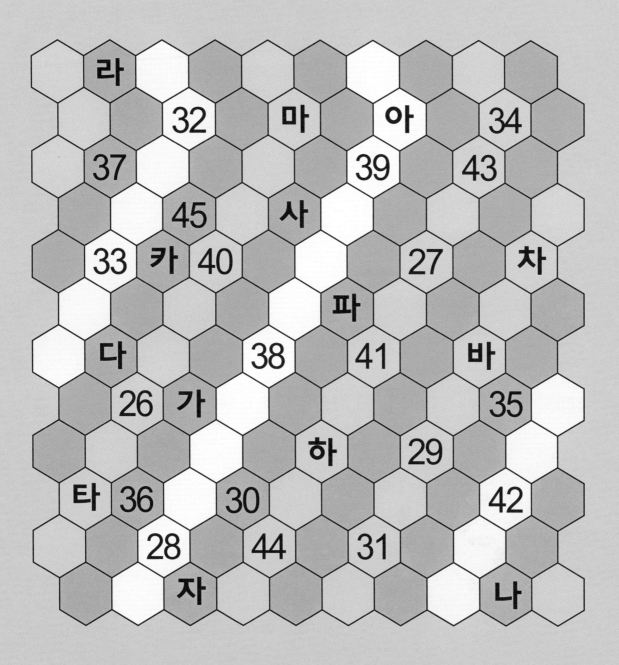

정답

18p. 7, 4, 8   **20p.** 7, 10, 8   **21p.** 10, 11, 10

22p. 11   **25p.** 2   **26p.** 17

29p. 1. 98 / 2. 27 / 3. 38 / 4. 24 / 5. 85 / 6. 16 / 7. 40

30p. 예1) 4 / 예2) 5   **42p.** 77,820

47p. 행복한 하루 되세요 / 늘 건강하세요

48p. 햄버거 44,000원 / 핫도그 35,000원 / 샌드위치 31,500원 / 총 매출 110,500원

54p. 가장 일찍 돌아온 사람은 어머니이고 가장 늦게 돌아온 사람은 민희이므로 시간 차이는 3시간 10분 / 12시에 잔 사람은 민주이며 9시 45분에 도착했으므로 2시간 15분

55p. 2

56p. 1. 14 / 2. 35 / 3. 38 / 4. 36 / 5. 30 / 6. 39

58p. 1. 6, 2, 1 / 2. 7, 3, 8 / 3. 13, 5, 4 / 4. 6, 9, 2 / 5. 3, 4, 7 / 6. 6, 2, 8

59p. 1. 4개 / 2. 2개

60p. 21

69p. 1. 15 / 2. 12 / 3. 10 / 4. 14 / 5. 16

72p. 사과4 / 수박1 / 파인애플2 / 포도3

76p. 4   **78p.**

80p. 동물 : 45 / 날개 달린 동물 : 16 / 식물 : 4 / 날개 없는 동물 : 29

86p. 56 − 50 = 6

98p. tea와 sausage 그림 / 핫도그 글자 2개가 남음

99p.

100p. 4, 9   **102p.** 사람 : 7(4) / 강아지 : 3(1) / 고양이 : 3(2)

103p. 1. 22 / 2. 38 / 3. 25 / 4. 79 / 5. 15 / 6. 90 / 7. 9

104p. 36479

108p. 1. 56 / 2. 58 / 3. 11 / 4. 57

111p. 10

112p. 13, 2, 1

34p.

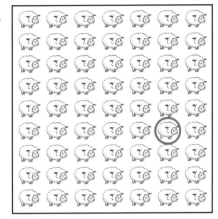

44p.

46p.

사	코	두	지	기	하	여
린	자	기	염	돼	우	리
캥	끼	하	루	소	코	늑
하	거	기	린	강	끼	자
마	이	루	아	호	리	더
루	돼	지	두	람	송	다
하	지	여	하	두	더	지

50p.

52p.

74p.

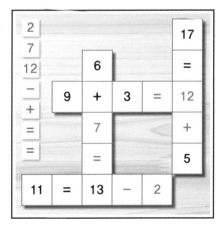

81p.

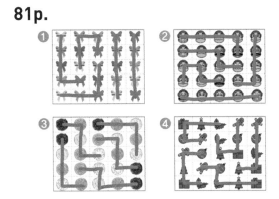

82p.

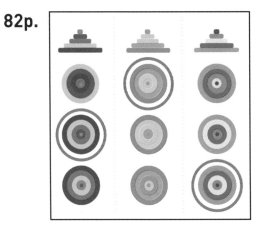

106p.

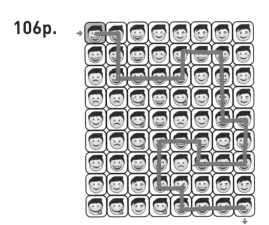

107p.

110p.

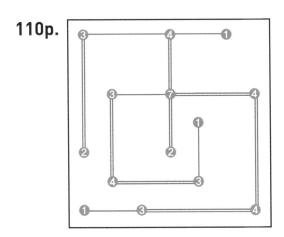

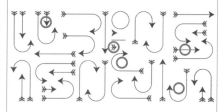

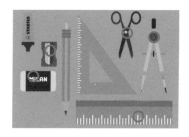

틀린 그림 찾기